我们的美丽家园
中国乡村振兴故事

WOMEN DE MEILI JIAYUAN
ZHONGGUO XIANGCUN ZHENXING GUSHI

产业兴旺篇

CHANYE XINGWANG PIAN

中国农网——编

黄山书社

兴、促进三农发展的宝贵经验，努力发掘乡村振兴事业激励人、鼓舞人的精神力量，为全面推进乡村振兴提供思想启迪和精神营养。

讲好乡村振兴故事，要不断彰显乡村价值。我国是农业大国，有着几千年的农耕文明。农业是中国发展的基石，农村是中国崛起的底色，农民是中国复兴的主力。讲好乡村振兴故事，一定要讲清说透三农在新发展阶段的基础作用和独特价值，引导社会各界深刻认识乡村振兴之于民族复兴的重要意义，不遗余力地向全社会宣传三农、展示三农、礼赞三农，不断提升三农的美誉度和影响力，在全社会营造重农强农、爱农支农的良好氛围。

讲好乡村振兴故事，要持续创新方式方法。乡村振兴既是国家战略，也是发生在田间地头、百姓身边的大事小情。讲好乡村振兴故事，最主要的传播对象是三农战线干部群众，他们长年活跃在广袤的乡土大地，是最接地气的一群人。这就决定了在表达方式和呈现形式上，必然是与时俱进、生动活泼的。为此，我们要树立用户思维，适应多元群体的接受习惯，用好群众语言，突出暖色调、人情味和烟火气，让振兴故事不仅入眼入耳，更要入脑入心，真正为人民群众所喜闻乐见。

蓝图既绘，梦想可期。在逐梦振兴的新征程上，三农新闻人要用好手中的笔，当好见证者、书写者和推动者，砥砺前行、不负韶华，努力讲好中国特色的乡村振兴故事，为实现全面振兴的乡村梦、伟大复兴的中国梦贡献积极力量。

何建

2021.10.16

目 录

山东济宁：
示范引领促振兴

泗河桥上，大型重卡疾驰，泗河桥下，五彩风车轻转；蒂德车间，精密机床齿轮高速运转，日光温室，嫩绿番茄苗静待花开。初冬的兖州大地，凉风难掩热景。

作为全国科技进步先进市（区），综合实力居全国百强区第67位，山东省济宁市兖州区拥有装备制造、精细化工等规模以上工业企业163家，工业优势突出。而同样，在推进乡村振兴工作中，兖州也成绩显著。兖州坚持工农互促、城乡互补、协调发展，成立乡村振兴指挥部，构建统筹谋划、五个专班协调推进、相关部门密切配合、区镇村联动推进的“1+5+N+10”工作格局，先后获得全国农业现代化示范市（区）、2019年山东省推进乡村振兴战略实绩考核“一等”县、山东省第二批乡村振兴“十百千”工程示范创建县等称号。

示范：组团开发，集聚推进

突出的工业优势给兖州带来的不仅是产值的增加、经济的发展，同时也让兖州对新发展理念有了更深刻的理解，在推进乡村振兴工作中有了更清晰的思路。兖州打破以镇村行政区划为单元推进乡村振兴的模式，更注重农业农村资源要素分布情况及发展规律，坚持示范引领，跨区域开发，集聚推进。

在全区规划面积 76 平方公里，重点建设“两脉、三湖、五区、九园”，示范引领，推进乡村振兴。在北部，围绕大安镇白家店村、龙湾店村、高家庙村和酒仙桥街道古城村、陈村、付家楼村 6 个村庄，建设了龙湾店乡村振兴片区；在南部，着力打造包括新兖镇牛楼、小

◇“紫藤花海”吸引众多游客前来观赏

马青、大马青等 8 个村庄的“花海彩田”乡村振兴示范片区。

兖州不仅在全区乡村振兴布局上注重集聚效应，而且在片区内的项目选择上，也采取组团联动方式。游走在泗河西岸美丽的“花海彩田”，观赏五彩风车的灵动和千亩油菜苗的绿意盎然，游客只需步行上堤，古色古香、特色小吃满街的牛楼小镇便呈现在眼前，两个景点仅一路之隔。而同样受游客欢迎的马桥湿地、现代农业产业园都在旁边。“在规划时，我们遵循旅游业发展的规律，组团开发，形成集聚效应，可以更好更久地留住游客。”新兖镇党委书记李兆胜说。

2019 年，兖州被评为山东省推进乡村振兴战略实绩考核“一等”县，1 个镇、5 个村被认定为山东省首批乡村振兴示范镇、村，今年被列为山东省第二批乡村振兴“十百千”工程示范区。截至目前，兖州区省市两级美丽乡村示范村达到 33 个，清洁村庄达到 115 个。

融合：一产为基，三产联动

春天赏油菜花，夏天观薰衣草，秋天看葵花、红高粱，还有丰富多彩的油菜花节、啤酒节、音乐节……从抛荒地到国家 3A 级旅游景区，“花海彩田”已经辐射周边 60 公里半小时生活圈、一小时城际圈。

乡村振兴离不开产业兴旺。兖州坚持以农业产业为支撑，以新兖镇大安西垛村为中心发展瓜蒌种植，以小孟镇梁家村为中心发展中草药种植，均带动了周边 3~4 个村实现发展。同时，集中资源打造现代农业产业园，引栽容器苗、食用牡丹等新型品种，实现育苗、采摘、无公害贮存，推动全产业链发展。

虽已初冬，但“花海彩田”依旧绿意盎然，千亩油菜苗生机勃勃。该项目总投资2亿元，通过对泗河西岸的2000亩土地进行平整、培肥，北部打造出600亩的马桥湿地公园，南部1400亩土地则根据不同季节种植油菜花、向日葵、低秆高粱、谷子、芝麻等农作物，都成为游客赏花游玩的好去处。

“花海彩田”除了供游客观赏游玩，赚游客钱外，牛楼社区还投资建设了1万平方米的农产品加工车间，对油菜籽、葵花籽进行榨油、加工、包装、销售，延长了产业链条。除了和旅游相关的美食、商业、游乐之外，通过和当地产业的互动，“花海彩田”乡村振兴示范区还向高效农业、休闲渔业、运动体育产业等一系列产业延伸，提高经济效益。

共富：强了集体，富了百姓

在推进乡村振兴过程中，兖州始终将带动百姓致富作为出发点，充分发挥村党组织引领作用，发展壮大村级集体经济。

牛楼社区将全村1000余亩土地流转到合作社，发展休闲采摘、农事体验、餐饮娱乐农场等产业。利用旧村拆除土地，建设了6800平方米的商贸中心、占地60亩的花鸟鱼虫市场、大型钢材交易市场及“牛楼味道”生态农庄，吸引了100余家商户落户，安置500余名村民就业。

“牛楼小镇新增300余个就业岗位，而且三分之一商铺是牛楼社区居民在经营，为了吸引更多的人加入，小镇为商家免去第一年租金，第二年只收取营业额的10%作为租金。”牛楼社区党委副书记王安说。小镇不仅盘活了现有乡村旅游资源，而且增加了参股居民的收入，带动了社区居民就业。

34岁的村民郭磊就是受益者之一。2019年，在外打工的郭磊回到家乡发展。“商业街建成后，我是第一个搬来开始装修的，现在店里每天的营业额在6000元左右。”店主郭磊说，他开的神仙豆皮小店成了“网红店”，门口排队的人络绎不绝。

随着集体经济的发展壮大，村民入股牛楼小镇的项目也都得到了收益。“2018年入了股，年年有分红，利息也高，要用钱的时候提前说一声就能把钱取出来。”69岁的村民牛培栋说，“我已连续两年拿到了分红。”

申相磊　张美荣　李海波／文

陕西和家楼村：

产业兴旺的“大唐锦囊”

“脱贫摘帽不是终点，而是新生活、新奋斗的起点。”在即将实现全面建成小康社会的当下，聚焦产业兴旺，促进农村一二三产业融合发展，增强乡村自我建设与发展能力，推动脱贫攻坚和乡村振兴有机衔接，成为强农业、美农村、富农民的重要举措和必由之路。

在这里，满载货物的火车鸣笛而过，整齐划一的四季大棚内瓜果累累，临国道而建的物流园拔地而起……巨变发生在曾经的贫困村——陕西省澄城县和家楼村。脚踏产业振兴的矫健步伐，今天的和家楼村正向着“产业兴旺、生态宜居、乡风文明、治理有效、生活富裕”的方向迈进。

和家楼村隶属于陕西省澄城县寺前镇，在该行政村的 3 个自然村中，389 户有建档立卡贫困户 98 户计 353 人。2018 年 5 月，当地政府将中国大唐调整为该村定点帮扶单位。一支高效精干的中国大

◇和家楼村参与澄城县特色农产品直播卖货

唐帮扶干部队伍书写了决战决胜脱贫攻坚的作为担当——2019 年 5 月，澄城县整县脱贫摘帽，和家楼村也退出贫困村序列。但是，摘帽不摘政策，摘帽不摘帮扶，摘帽不摘责任，摘帽不摘监管，中国大唐的驻村帮扶依然在路上。

在中国大唐驻村帮扶的两年多时间内，和家楼村的集体经济取得长足发展，2018 年集体经营性资产尚且为零，2020 年经营性资产规模已跃升到近 400 万元，集体总资产近千万元，和家楼村因此被评为“2020 年渭南市集体经济发展示范村”；和家楼人的观念也在悄然改变，从遇事只讲“婆婆理”的旧习惯转变为规范治理的新理念……在这么短的时间内，和家楼村是如何实现这些变化的呢？

◇和家楼村大棚产业园全景图

支书老王的产业经

2020年10月15日，在和家楼村部，“忙得没空闲”的村支部书记兼村长王安朝一如既往地忙着。今年56岁的他，身体瘦削，看起来不苟言笑，但办事公道公正，被村民亲切地称为“安安”。

凭着敢想敢干的精神，2014年9月，老王被选为和家楼村支部书记。“老王确实是位致富能手。”中国大唐派驻的第一驻村书记赵浩君对老王的过往很了解，“他当时跑遍了周边的大荔、合阳等农业先进地区，足迹更远至河南、山东，多次到山东寿光进行瓜果蔬菜种植方面的考察学习。”一心带领乡亲们致富的老王把自己交给了4000多亩土地，也交给了全村1200多口人。

肩负着全村人致富的希望，老王凭借自己的智慧及初心，不但让尘土飞扬、垃圾遍地的村容村貌得以整治，让涣散萎靡的干部群众精神面貌得以改变，更重要的是开始了迈向对现代农业的艰难探索，准备兴建温室大棚。在王安朝的反复动员下，和家楼韩南庄的韩晓莉等一批贫困户抛却了犹豫、怀疑的情绪，下决心投入大棚产业的发展中去。韩晓莉当季种植的西红柿产量达到1.5万余斤，收入2万元左右，后续种植收入更是达到5万余元。一批从事大棚生产、高经济附加值作物种植的贫困户率先实现了高质量脱贫。

2018年，《中共中央国务院关于打赢脱贫攻坚战三年行动的指导意见》发布，脱贫攻坚进入决战决胜阶段。澄城县村级集体经济建设也开启了以“三变”为钥匙的新阶段。在“资源变资产、资金变股金、农民变股东”的农村新发展阶段，如何继续扩大产业规模、提高产业产值，带动更多贫困群众、村民发家致富，成为王安朝面对

◇和家楼村召开支部会议

的难题，也正是在这个节骨眼上，中国大唐及时伸出了援手。

驻村书记的锦囊

2018 年 10 月，赵浩君受中国大唐党组委派，赴和家楼村接任驻村第一书记。与赵浩君同往的还有大唐陕西发电公司派驻和家楼村的第一书记助理刘勇。赵浩君和赵勇不仅带来了资金，更要紧的是带来了锦囊妙计。

作为央企派驻的干部，赵浩君深知，坚持公有制经济导向，发展壮大集体经济，是巩固基层执政基础，带领群众增收致富的法宝。通过提前做功课和实地调研，在摸清和家楼村的情况后，赵浩君将目光瞄准了正在建造的红薯粉条加工作坊。

建设这个作坊的初衷，是要解决部分贫困户的务工问题，同时通过收购红薯，带动更多种植户参与进来，在村镇附近小规模销售产品。凭借多年的管理经验及实际调查，赵浩君初步判定，这个作坊还可以大有作为。经过一番深思熟虑，他给出了不一样的方案："要让扶贫资金发挥最大效能，就要按照标准化车间建厂、生产，做出品牌，全国全网销售，这样才能够最大程度地发挥资金效用，也带动更多贫困户增收。"

观念一变天地宽。中国大唐驻村第一书记、助理经过与和家楼村"两委"班子的反复沟通、探讨，在前往山东、河南等地深入调研及征求群众意见的基础上，经过"四议两公开"决策程序，最终确定红薯粉条加工厂房的新建方案。经过一年的努力，2020 年 3 月，和家楼村红薯粉条加工厂正式完成升级改造，并通过渭南市食药监部门的验收，取得企业类食品生产许可证。这也意味着，从这个村级企业“走出去”的产品，具备了销往全国各地的资格，产品真正变成了商品。

“升级换代”的红薯粉条加工厂被赋予更多使命：其产权全部归属和家楼村集体经济所有。“党支部＋产业项目＋专业合作社＋贫困户”的村集体经营方式，以及村集体占股70%+合作社占股30%的分红模式，让51户贫困户在不需要投入的情况下，就能获得由此带来的收益。“仅2019年第一阶段运行期间，该厂实现销售收入70万元，除去集体预留，每户贫困户分红1000元。”赵浩君介绍说，“2020年的分红模式也在‘转型升级’，将分红与公益劳动结合起来，提升了贫困群众参与村庄建设的积极性、主动性。”

中国大唐自上而下的切实帮扶和澄城县、寺前镇党委政府的大力支持，为和家楼村集体经济的壮大增添了底气。特别是继红薯粉条加工厂扩大再生产后，“真帮实扶，聚焦和家楼村产业发展、集体经济发展”的中国大唐驻村第一书记赵浩君会同和家楼村党支部，又争取到中国大唐及地方配套资金近百万元作为扶贫资金，并建成11座集体温室大棚。2020年5月，和家楼村集体所有的大棚收获瓜果4万余斤，当季净收入9万元，预计当年收益约17万元。经过两年的发展，和家楼村的集体经济规模继续悄然扩大，产业项目不断丰富：集体流转村民200亩土地，建成红薯种植产业基地；按照澄城县农业“一县一品”发展战略，建成集体所有的樱桃产业示范园，总收入预计300万元。

“统一筹划、集中管理”，集体所有制经济从无到有的发展，给和家楼村带来的不仅是收入的增加，更是集体经济的规模化发展，这会促使其产业产权、经营模式、经营理念发生变化。而农业现代化管理体制机制的萌芽、成长，正在为和家楼村自我驱动发展注入源源不断的“内动基因”。

依托当地电商及自建电商中心、包装车间，和家楼村的红薯粉条和以高石脆瓜、绿宝甜瓜为主打的绿色农产品，如今正展翅高飞，销往全国各地。

和家楼村的高站位

2020 年 8 月 28 日，一场与和家楼村未来紧密相连的“十四五”规划会议正在村委会会议室召开。驻村第一书记及助理、村“两委”班子成员、包村干部、驻村工作队“四支队伍”围绕和家楼村未来五年公共文化建设、现代农业基础设施建设、产业升级等 8 大类别 35 个具体项目进行着热烈的讨论和交流。

召开村级“十四五”规划会议，这对于我国大部分村庄而言，是以前想都不敢想的事情，如今在脱贫攻坚与乡村振兴的衔接期，和家楼村在加强基层党建的同时，以更高的政治站位，希望通过“十四五”规划为村庄的持续健康发展描绘更美好的蓝图。

以加强党的建设聚焦“产业兴旺”，统筹协调各项工作有效开展，是和家楼村在脱贫攻坚、乡村振兴方面的一大特色。特别是中国大唐驻村干部充分发挥对基层党组织建设的指导作用，主动与村支部书记协调，紧扣脱贫攻坚、集体经济、项目安排、资金使用等实事大事，落实“三会一课”制度，使党员行使权利的平台得到充分保障，党员凝聚力、向心力明显得到提升。

同时，中国大唐驻村干部利用自身专业知识和企业管理经验，寓村干部的培养于日常工作，不断强化村“两委”规范意识，提高其政策水平。中国大唐直属党委援建的 100 余平方米的党员活动中心，有效改善了党建、村务服务基础设施。村“两委”成员日常工作的政策性、连贯性得到增强，任务承载能力明显提高，参与集体经济建设的服务意识和工作水平明显提升。

“党支部 + 产业项目 + 专业合作社 + 贫困户”的发展模式，让和家楼村实现了“支部建在产业链、党员聚在产业链、群众富在产业链”，使贫困群众时刻感受到党员就在身边，增强了群众致富的信心和能力。2020 年，和家楼村被评为“渭南市党建标准化建设示范村”，驻村第一书记赵浩君被评为“2019 年度渭南市优秀第一书记”，驻村第一书记助理刘勇也因其在脱贫攻坚中的出色表现，被评为“中国大唐 2019 年度优秀党务工作者”。中国大唐在澄城县的驻村工作受到当地高度肯定，被评为“2020 年度渭南市驻村帮扶先进单位”。

希望的田野上奏响着新时代的乡村振兴之歌。在脱贫攻坚与乡村振兴的衔接期，中国大唐的驻村干部们正继续按照“四个不摘”要求，以对党和人民的庄严承诺，以“跳出村子看村子”的视野和格局，带领村民向着更美好的明天进发。

王子涵 / 文

四川简阳：

扶贫“三变”显成色

有人说，简阳之于成都，可以参考浦东之于上海。

2016 年 5 月，选址简阳芦葭镇的成都天府国际机场正式开工，简阳也从资阳市正式划归成都市代管。毗邻航空枢纽的地缘优势、成都“东进”战略的主战场地位以及成渝双城经济圈建设的桥头堡作用，都让有“天府雄州”之称的简阳成为近年来成都经济圈最炙手可热的区域之一。

同样备受期许的，是简阳广袤乡村的蝶变。作为成都唯一有脱贫攻坚任务的区（市）县，简阳成为成都脱贫攻坚主战场。研判简阳贫困现状和发展基础后，2016 年成都定下了“两年脱贫攻坚、三年巩固提升、五年高标准全面小康”的战略目标，举全市之力推进简阳脱贫攻坚。2017 年底，简阳在全省率先完成全部减贫任务。

不能仅仅满足考核达标，而是要以简阳为试验区，探索走出一条具备成都特色的乡村振兴减贫之路，这是成都上下一开始就达成的共识。随着三年巩固提升行动启动，简阳在严格落实“四个不摘”要求的同时，开始了脱贫攻坚与乡村振兴的有效衔接探索之路。

补短板——
以“884”工程为抓手，将脱贫攻坚三年巩固提升行动融入乡村振兴大局，推动基础设施与公共服务投入从更精准向更均衡转变

2020年初，简阳麻石桥村十组的一位村民在当地网络问政栏目反映：隔壁是户户通水泥路，为啥十组还是一条泥巴路？3天后，相关部门回复：这条路已经被列入2020年简阳市农村公路（村组道路）建设项目计划表，很快交通部门就会进行现场勘察。

像麻石桥村十组这样需要按成都标准拓宽硬化的村组道路，2020年简阳全市的任务为350公里。完成后，简阳“社社通”目标进度将逼近100%。而在2016年底，简阳村道里程约为1336公里，其中达到成都组道4.5米宽标准的仅310公里，而且有的道路还是泥结碎石路面。

这样的成就主要得益于简阳“884”工程的强力推进。“884”工程是简阳市委市政府在2017年制订的5年行动计划，旨在补齐农村基础设施和公共服务短板。第一个“8”，着眼于乡镇层面的“一连七有”，即到2021年实现乡乡连接高速公路、有标准化卫生院、有标准九年制义务学校、有公办幼儿园、有污水处理厂、有敬老院、有就业服务中心、有全民健身中心；第二个“8”，着眼于村级层面的“五通三有”，即到2021年，实现村村通天然气、通自来水、通公交车、通光纤闭路、有就业服务站、有党群服务中心、有标准卫生室文化室、社

社通水泥路；“4”即实现“四个消除”：动态消除“零就业”家庭、消除土坯房、消除黑臭水体、消除旱厕。

全域覆盖、不留盲区死角的过硬目标，一度让“884”成为简阳当地网络的热搜词。在项目实施的先后顺序上，贫困村在前，非贫困村在后，这不仅巩固提升了脱贫攻坚成果，也填补了非贫困村群众的心理落差。

“884”工程是基于“两个主战场”的强力推进提出来的。一方面，作为脱贫攻坚主战场，成都四年累计整合各类资金超过 30 亿元用于支持简阳脱贫攻坚；成都市四大班子所有领导和市、县两级 265 个单位定点联系 116 个贫困村（含成都东部新区 11 个贫困村），13 个区（县）对口帮扶有贫困村的乡镇，汇聚成一股强大的脱贫攻坚力量。另一方面，作为成都“东进”战略的主战场，简阳经济社会迎来历史发展机遇。2016 年以来，成都市相继出台《关于进一步促进简阳市经济社会又好又快发展的若干意见》《支持简阳市经济社会发展三年行动计划》等系列文件，统筹政策资源向简阳精准覆盖，这为简阳尽快补齐农村基础设施和公共服务短板提供了现实条件，也是简阳抓住机遇谋求高质量发展的必然要求。

在简阳市委、市政府强力推动下，“884”工程中多项任务已经完成：2017 年，“乡乡有就业服务中心”“村村通光纤闭路”“村村有就业服务站”目标达成；2018 年，“乡乡有标准九年制义务学校”“乡乡有污水处理厂”目标达成；2020 年，“乡乡有公办幼儿园”“乡乡有全民健身中心”、消除土坯房、消除黑臭水体和消除旱厕又即将达标，比预期早一年。

兴产业——
以集体经济为突破，以园区为抓手，多种产业扶贫模式竞相发力，使产业扶贫资源从更集聚向强溢出转变

近年来，借助脱贫攻坚强大的政治势能，简阳贫困村成为产业资源汇聚的洼地，多种产业扶贫模式竞相发力。

平泉街道荷桥村用活土地增减挂钩项目，主抓大项目招引，清华同方、四川蓝剑等大企业纷纷布局，目前全村社会投资实际到位资金总额已超过 1 亿元，蜕变为宜居宜业的新社区。

禾丰镇丙灵村通过能人带动，发起成立碑垭口黄金柚种植专业合作社，构建“公司 + 合作社 + 贫困户 + 返租”的运营模式，成为远近闻名的蜜柚村。

云龙镇龙潭村通过做强农业经营主体，构建“企业 + 种植大户 + 农户”，形成“产、供、销”一条龙发展模式，桃、李、橘特色产业连点成面，成为名副其实的果园村。

◇平泉街道荷桥村一亩田项目基地

◇禾丰镇丙灵村黄金柚产业

平息乡（2019年并入施家镇）5个贫困村依托龙泉驿区帮扶力量，盯准水蜜桃主导产业，聚力打造阳春花谷和阳春玉桃两张名片，成为人气爆棚的旅游村……

观察这些村子的产业发展共性，不管是选择哪种产业扶贫模式，建强集体经济是重要一环。荷桥村就通过组建军翔股份经济合作社、荷园现代农业开发有限公司、梦栖土地股份合作社、花卉种植专业合作社“四合一”集体资产运营平台，参与村内工程项目和产业项目；平息乡在产业发展初期，通过村集体经济带头示范，打消村民顾虑，最终实现水蜜桃产业大发展；在支部书记徐刚带领下，丙灵村集体经济的项目承接范围逐渐从村内向村外拓展，从工程劳务向农事服务拓展……2019年，简阳市贫困村集体经济收入总额达到482万元，贫困村集体经济人均收入超过省定标准3倍以上。

随着脱贫攻坚工作的不断推进，不少贫困村后来居上，变成了十里八乡的明星村。如何将贫困村从产业资源洼地变为高地，实现产业的溢出带动效应。近年来，简阳探索了以贫困村为核心，以

“10+22”的现代农业园区为抓手的乡村主导产业发展路径，即以10个简阳市级以上园区和22个镇街级园区推动形成贫困村与非贫困村的连线成片发展态势，为下一步乡村产业兴旺奠定基础。

据统计，截至2019年底，在产业扶贫资金撬动下，简阳镇街级农业园区累计完成投资23.34亿元，占计划总投资的79.28%，累计发展产业23.29万亩。平息阳春玉桃产业园区就是一个依托于产业扶贫资源兴建的镇级园区。2016年底初建时，主要聚焦5个建档立卡贫困村，到如今已带动多个非贫困村共同发展，成长为简阳十大市级农业园区之一。

考虑到镇街统筹资源的能力有限，目前简阳正加紧推进一个规划面积达231平方公里的扶贫产业功能区的建设。通过整合全市扶贫产业发展资金，使扶贫资源从贫困村向四周溢出，形成“后扶贫时代”的利益联结、成果共享长效机制，最终达到提升农业产业能级、促进乡村振兴的目的。

缩差距——
探索防返贫长效机制，精准帮扶经济薄弱村、产业帮扶户，脱贫攻坚重点任务从聚焦绝对贫困向关注相对贫困转变

自2016年起，简阳脱贫攻坚工作连续4年受到省委、省政府通报表扬，被表彰为“脱贫攻坚先进县”。在2018年步入巩固提升阶段后，简阳严格落实“四个不摘”要求，深挖细查“两不愁三保障”短板；同时有的放矢，进一步识别出898户巩固提升重点户、1000余户产业帮扶户和35个经济薄弱村。对经济薄弱村和产业帮扶户的扶贫开发策略，简阳充分吸取了精准扶贫的经验，实行扶贫政策、帮

◇简阳开展脱贫攻坚挂牌督战行动

扶机制、扶贫资金全覆盖，重点解决游离于现有脱贫攻坚政策体系之外的边缘易致贫户。

2020 年初，为了及时摸清疫情对贫困户的影响，简阳市脱贫攻坚领导小组办公室组织人手，兵分多路，走村入户，评估贫困户返贫风险。与此同时，简阳市 2020 年度县级扶贫开发项目库在网上进行公示，按照“一村一策、一户一法”的精准帮扶策略，35 个经济薄弱村和 1000 多户产业帮扶户获得近 2000 万元的财政资金支持，用于村基础设施提升和到户产业发展。

镇金镇是生猪养殖重镇。2020 年，该镇的 3 个经济薄弱村朱家村、凉水井村、凤亭村不约而同地将每村 40 万元的产业专项扶持资金用来建设生猪养殖场；

壮溪镇以“合作社 + 园区联合党支部”模式，整合了片区养殖资源和扶贫资源双重优势，辐射带动区域内脱贫户、产业帮扶户 20 余户发展简州大耳羊标准化养殖。

2020年，简阳入选四川省解决相对贫困长效机制试点县（市、区）。简阳市脱贫攻坚领导小组办公室相关负责人表示，相对贫困具有动态性、长期性和复杂性，通过近几年积累的脱贫攻坚经验，在相对贫困人口的识别标准、识别程序和重点任务上，简阳已经有了突破，并形成了实施方案。从聚焦绝对贫困，到关注相对贫困，帮扶对象的扩大为下一步乡村振兴战略的落地打下了更稳固的地基。

2020 年 9 月 7 日，由中铁八局七公司承建的成都龙泉山城市森林公园旅游环线五标段陈家沟隧道全线贯通。作为成都“东进”战略的桥头堡工程，这条串联了龙泉山城市森林公园各景点景源、特色小镇及产业功能区的大通道，必将为简阳乡村蝶变注入更多动能。“翻过龙泉山，风景两重天。”这句被用来形容简阳与成都差距大的调侃，必定要被淹没在历史的尘埃中了。

张艳玲 / 文

青岛即墨：变身“花乡药谷”的灵山镇

近年以来，青岛市即墨区依托中国最美休闲乡村和数千亩的玫瑰园，高起点定位、高标准规划、高效率推进，打造中国“花乡药谷”田园综合体。目前已初步建成多肉科技植物园和农耕文化体验乡村，成千上万的村民从传统农业转入新型产业，实现了产业兴旺、生态宜居、强村富民的良好态势，为全面实施乡村振兴战略夯实了根基、打造了样板、积蓄了力量。

坚持组织引领，凝聚发展合力

以“党建花开、锋领灵山”党建品牌为牵引，将全镇42个行政村划分为5个社区党委，镇党委下派30余名干部作为社区党委专职工作人员，建立了150人的后备干部队伍，明确了社区党委强化基层党建、引领产业发展、加强村务管理、提供便民服务和深化社会治理5项工作职能，镇党委下放了19项审批事项，为每个社区党委配备了60万元发展资金，并将农村低保办理、宅基地审批、保险办理等17大类119项便民服务事项下沉至社区党委，真正打通了服务群众“最后一公里”。

灵山镇以党组织为纽带将修正药业等龙头企业和镇域内农业“散户”凝聚在一起，互通信息，共享资源。主要依托修正药业、玫瑰小镇、灵山风景区、国家中医药健康旅游示范基地等龙头项目，重点建设以大健康为主题，以花海旅游、中药文化体验旅游、田园运动、生态休闲农业、养生养老为特色的田园综合体。

产业融合发展，强化双创服务

产业是经济发展的源动力和坚实支撑。灵山镇深刻认识到，传统的农业镇如果不在土地流转、社区改造方面实现突破，产业发展、农民增收就很难实现，也走不出乡村振兴新路子，无法树立新样板。为此，以龙头项目带动产业生态圈建设，破解土地经营、人才、配套等发展瓶颈，实现发展模式创新。

灵山镇从零星的花卉种植起步，逐渐培育起玫瑰小镇、多肉植物和大规模花卉中药种植基地，关联作物、项目和产业聚集，花乡药谷田园综合体已经渐成规模，规划建设了青岛灵山生物医药产业园、多肉科技植物园、玫瑰小镇等16个紧密联结、联动发展的农业现代产业园区，形成了三产深度融合发展的全产业链条。其中，花卉产业依托玫瑰小镇项目，在发展玫瑰种植、苗木培育和玫瑰产品加工的基础上，成为江北最大的玫瑰苗木供应基地和国

◇多肉植物园

家 4A 级旅游景区，吸引多肉科技植物园、香草园、百合园、牡丹园等花卉种植项目相继落户。建造 3 万平方米多肉种植温室，种植 50 万株芍药和 5 万株观赏性牡丹，建成 300 亩薰衣草浪漫花海和 20 亩香草深加工场所，打造国内首个一二三产业融合的芳香主题田园综合体；新引进一期占地 2000 亩的食用百合产业项目，拓展 20 余种百合制种、育苗、提取、加工等产业链。生物医药产业实现从无到有，引进修正药业、科伦生物医药等龙头项目，并与扬子江药业共建万亩中药材种植基地，目前已带动周边 6 个村庄完成中药材种植 6000 亩，新建占地 10 亩的中药仓储物流基地，进行中药初加工，形成了三产融合、紧密联结、联动发展的全生产链条；依托专业合作社，培育新型职业农民和产业工人，扩大中药材种植面积，陆续开发中药领域新产品，并依托修正药业等龙头企业，打造中医药种植联合体，形成“龙头企业 + 产业基地 + 合作社 + 农户”的发展模式。休闲旅游产业整体开发全域资源，邀请清华大学文产规划设计研究院做高端旅游规划，计划将各园区串联起来，加大基础设施建设，形成花乡药谷大景区、园区小景区的布局，计划在新社区建设一级游客服务中心，利用新社区网点房，发展旅游配套产业。目前已引进果香天下采摘园、红豆杉种植园等农旅项目，带动周边的西姜戈庄、索戈庄、小稻池等 5 个村庄建起莲花甜柿、草莓、珍珠油杏和车厘子等特色小园区，吸引游客吃农家饭、住农家院、摘农家果、赏农家景，灵山镇也被评为山东省旅游强镇、青岛全域旅游示范镇。

同时，为进一步孵化培育创新型、科技型企业，聚集高端人才和先进技术等创新创业要素，推进产业持续高速发展，灵山镇规划创建了现代农业“双创”示范基地，作为农业智慧创业谷，建设集人才中心、创新中心、发展中心为一体的现代农业创新融合发展中心，主要负责项目引进、基础设施建设、人才培育等工作。目前已与青岛农湾孵化器有限公司签订战略合作协议，建设“花乡药谷”农创中心，并与青岛农业大学双创学院等确立了合作关系。

建设生态宜居家园，实现强村富民

“花乡药谷”田园综合体规划涉及即墨灵山镇五大村落：河南村、河北村、卫东村、姜戈庄村和岚前岭村。按创新、协调、绿色、开放、共享的发展理念，成方连片实施合村并居，建设新型社区，推进产居融合。

从 2019 年 3 月开始，利用 50 多天时间，启动镇驻地周边上河北、卫东、河南一村等 7 个村庄、1440 户居民、1660 余处住宅房屋的新型社区建设，7 个村庄土地流转率达到 100%，流转土地 1.2 万亩。围绕解决建设资金和村民回迁资金问题，灵山镇与国有企业丁字湾科技金融投资有限公司合作，通过安置区之外的土地开发收益实现自我平衡。安置区房屋将建设 4~7 层电梯楼房，实行统一装修，村民拎包入住，并配套建设滨河公园、社区党群服务中心、幼儿园、社区卫生服务站、乡村记忆馆、颐养中心等服务设施。整合运用拆迁建设后的土地资源，可以为招商引资、项目建设等争取新的发展空间。

灵山镇打破村庄原有模式，推进产居融合新型社区建设，努力实现四个提升：一是治理体系的提升。在新型社区建设过程中，灵山镇将同步推进村庄合并，成立新村党总支、村委会和经济组织，引入城市社区管理模式，组建物业管理、志愿服务、文体艺术等组

◇岚前岭美丽乡村

织，创建社区网格工作中心，配套建立社区事务咨询委员会、矛盾调解委员会，构建起党建引领社会治理新体系。二是人居环境的提升。水、电、气等基础设施和交通、教育等公共服务设施建设一步到位，使群众通过撤村并居，过上与城里人一样的生活，实现“幼有所育、学有所教、劳有所得、病有所医、老有所养、住有所居、弱有所扶”的目标。三是集体经济的提升。村庄通过土地流转增收，盘活沟塘边角地和原道路土地，建设现代产业园区，吸引重量级企业携带资本入驻，直接增加集体经济收入；股份制改造经营增收，村庄拆迁合并后，成立新村经济合作社，集体经济通过股份制改造、市场化运作保值增值；固定资产稳定增收，通过建设产居融合新型社区，每个村庄将获得村庄建成面积 7% 的网点房和集体资产用房（2000 平方米 ~5000 平方米），预计年均增收 30 万元以上，能够有效解决农业村庄集体经济薄弱问题。注重品牌管理，推动村庄与产业深度融合，指导辖区多个村庄分别创建大地欢歌、灵山韭菜、东黄腊条等特色农产品品牌 10 余个。其中，岚前岭村打造“悠然灵山，乐在岚前”品牌，成立村级公司，创建村企合一新模式，将传统黑小麦种植优势扩大，创建“田小磨”品牌，建立了田小磨石磨坊，开发农事体验项目，并回收村庄闲置房屋，围绕镇域规划打造特色民宿，村庄实现增收 40 余万元，被评为青岛市级美丽乡村。四是居民收入的提升。持股分红增收，将村庄合作社全部股份量化到每个村民手中，村民变为股民，长久持股分红；土地租赁增收，通过农民流转承包土地发展现代农业，每年人均可获得土地流转收入 2000 余元；社区服务增收，新社区的电商、集贸、餐饮、家政等三产服务将就近吸纳一批劳动力，有效拓宽农民增收渠道；企业务工增收，依托聚集的现代化农业产业项目，为社区群众提供专业化技

◇田小磨石磨坊

能培训，引导农民就近进入企业打工，每月人均可增收3000余元，实现产业在镇村、就业在家门、农民即工人的转变。

郝凌峰 / 文

福建泉州：

“晋江经验”和“晋江精神”

小县域大精神

晋江，福建省泉州市所辖的一个县级市，地处福建东南沿海，因西晋永嘉年间，中原百姓避战乱南迁，据江居住而得名。地处沿海改革开放第一线的晋江，在改革开放之初是典型的“高产穷县”（1978年GDP为1.45亿元，人均GDP仅154元），一方水土难养一方人。改革开放的政策实施后，晋江人“爱拼才会赢”“敢为天下先”的内生动力被全面激发，硬是在没有交通区位优势、没有自然资源优势、没有政策支持的情况下打拼出了一片新天地。2017年，晋江GDP完成1981.5亿元，财政总收入212.2亿元。其经济总量连续23年位居福建省县域首位，县域经济基本竞争力连续16年位居全国5~7位，先后荣获“全国文明城市”“国家园林城市”“国家生态市”等称号，并成功申办2020年第18届世界中学生运动会，连续四年获得国际大体联世界杯举办权。

习近平同志在福建省工作期间，始终高度关注晋江发展。1996—2002 年，习近平同志七下晋江，进基层、下企业、访农村，密切关注晋江的改革发展事业。2002 年，时任福建省省长的习近平同志再度专门到晋江进行深入调研，从改革开放事业与中国经济融入全球格局的角度，系统、完整地总结并首次提出了“晋江经验”理论成果，这也成为晋江多年来加快改革开放、保持经济社会快速发展的制胜法宝和行动指南。

坚守实业创造草根奇迹

晋江人的特点是务实唯实，诚实守信。晋江经济的特点恰如其人。

目前，晋江规模以上工业产值已突破 4000 亿元，有 7 个超百亿元产业集群（包括制鞋、纺织服装、建材陶瓷、食品饮料、装备制造、纸制品、新材料），其中制鞋、纺织服装产业产值均超千亿元。这些企业 97% 以上是民营企业，创造的产值、税收、就业岗位占全部企业的 95% 以上，形成了“十分天下有其九”的局面。

目前全市产值超亿元企业有 800 多家，上市企业 46 家，中国驰名商标 42 件，包括大名鼎鼎的恒安、安踏、七匹狼、九牧王、盼盼等。

晋江人的实干精神是出了名的。国家级农业产业化重点龙头企业、中国休闲食品领军企业盼盼食品集团是从一片薯片开始做起的，如今是“东西南北中，处处有盼盼”；成立于 1991 年的安踏集团，27 年坚持做好每一双运动鞋和每一件运动服，现在成了全国最大、全球第三的体育用品公司；国内最大的妇女卫生巾和婴儿纸尿裤生产企业恒安集团在 1985 年进入卫生巾生产领域的时候，其总裁许连捷的夫人甚至都不知道卫生巾是什么。

◇安踏集团工作人员介绍公司研发的最新产品

◇安踏集团旗下品牌斐乐展示区

晋江的许多大企业都是这样由当年的小作坊几十年坚守实干而成长起来的，即使是今天，晋江依然不断创造着这样的奇迹。

在晋江创意创业创新园里，流传着一个"从三个人到三个亿"的故事。安能金属涂镀公司曾经是一个只有 3 个创业者的小公司，但由于掌握了一种提高金属涂镀性能的技术，包括提高耐腐蚀性、隔热性等，使得其产品——功能性金属涂镀在市场上具有很强的竞争力。创业一年时间，其产品就销售出 3 亿元。一个草根创业、实干兴业的奇迹就这样静悄悄地发生了。

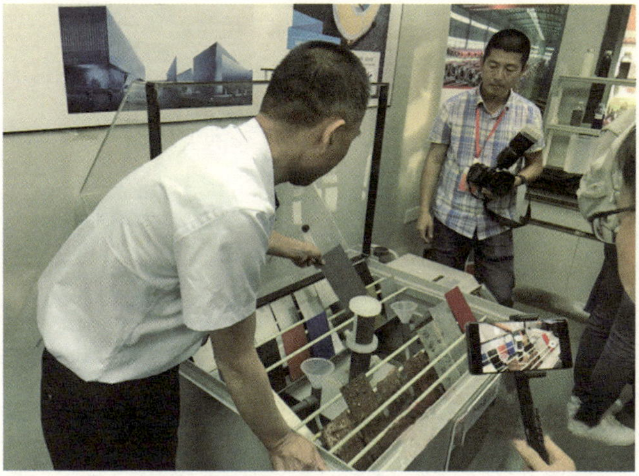

◇晋江创意创业创新园中的操作现场

◇恒安集团厂房内工作人员正在托运包装好的产品

求新求变冲在时代前沿

盼盼集团董事长蔡金垵在接受采访时曾说过，无论是薯片还是芯片，都需要掌握核心技术。如果套用这句话，也可以说，无论是薯片还是芯片，都需要不断求新创新。

丁婉玉，晋江国际鞋坊城里的一个个体商户，她对于“晋江精神”是这么理解的：“我觉得晋江精神的核心就是求新求变，消费者需要什么，市场需要什么，你就要生产什么。”

当然，这个求新求变和求实坚守并不矛盾。求实坚守，指的是多少年坚持做好一件事情。而求新求变，指的是要跟上时代发展的脚步，时代变，产品要变，理念要变，管理也要变。

安踏集团董事局主席丁世忠介绍，从 2018 年开始，安踏集团将开启“创业新十年”，包括品牌升级、打造企业的价值文化、全

◇盼盼集团产品展示区

员懂生意、站位"国际格局"、创新赋能等，使安踏从一个"大品牌"成长为"大国品牌"。未来，安踏将持续加大创新投入，2018 年创新投入有 30% 以上的增幅，以后每年都要争取多获得几项突出的创新成果。2018 年 5 月，丁世忠还率公司 70 名高管去美国学习取经，取经地包括当地的相关企业以及哈佛大学等。这正印证了安踏的品牌理念："keep moving，永不止步！"

盼盼集团，从一片薯片做起，一直围绕休闲食品做文章，从"法式小面包还是盼盼好"到"快乐我定义"，不断推陈出新。2011 年，公司签约服务过五任美国总统的白宫前首席糕点大师罗兰·梅尼耶先生，请他担任集团技术总顾问，将世界糕点的顶尖技术和美食文化引入公司，致力让顶级宫廷美味走进中国寻常百姓家。2013 年公司进军饮料市场，重磅推出"在益起"乳酸菌、生榨椰子汁等时尚健康饮品。如今，集团产品琳琅满目，五彩缤纷，一如我们所处的时代。

福建海峡石墨烯产业技术研究院是由晋江市政府投资主办的具有公益性和开放性的石墨烯产业技术研发的公共技术服务平台，目的就是要研究、开发、利用好石墨烯这个最新的"工业稀土"。目前，石墨烯在晋江产业得到广泛应用，如运用石墨烯 3D 多层微气囊技术，使贵人鸟的运动鞋既轻便又舒适；融合石墨烯技术，华宇、龙峰开发保暖、加热、抑菌、抗静电的功能性面料；石墨烯空气净化技术，也在积极推进商业化应用。

2016年，一个全新的新兴产业在晋江落地，并计划在2025年建成晋江第三个千亿元产业集群。晋华集成电路产业园由此诞生，园区以集成电路产业链为核心，重点引进集成电路制造、封装测试等龙头企业项目。

福建省晋华集成电路有限公司副总经理徐征介绍，晋华存储器集成电路生产线项目是园区的重点项目，一期计划投资370亿元，建设用地面积638亩，建筑面积约47.5万平方米，建设周期2年，预计年产值可达100亿元。徐征说："我认为，这个项目非常有挑战性。目前，中国的整个集成电路进口额每年高达2000亿元。我们有责任把中国制造上升到一个比较高的档次和水平。我们要实现突破，填补空白。"

目前，晋江已建成七家国字号科研机构和福州大学晋江校区，制定全国县级首份人才认定标准，累计引进各类高层次人才2074人，培育高新技术企业85家、省级以上各类企业研发机构87个，专利申请量、授权量分别达7310件、4601件。

家国情怀善美兼济城乡

晋江是个经济非常发达的县，但这里没有夸豪斗富、奢靡张扬、有钱就任性的不良风气，有的是低调、内敛、向善向美、共同发展以及家国情怀。

2017年10月16日，晋江获得2020年第18届世界中学生运动会举办权，30多位晋江企业家包括安踏集团董事局主席丁世忠、舒华股份有限公司董事长兼总裁张维建、盼盼食品集团董事长蔡金垵、利郎（中国）有限公司总裁王良星等，在意大利现场见证了这一激动人心的历史时刻。申办团里没有文体明星，而是企业家，这也成了一个全球少有的"晋江风景"。

许清水，连捷投资集团有限公司董事总经理、泉州市留学人员暨归国创业人员联谊会会长，是当地的"创二代"。2017 年 7 月，国际中体联主席劳伦特·佩楚卡带领考察团一行到晋江考察。许清水作为一个"企业家志愿者"全程参与、陪同和服务，大到活动策划安排，小到酒杯餐具的样式，事无巨细，亲自参与，力求所有细节都完美呈现。

2002 年 12 月 18 日，晋江市慈善总会成立。这是全国首家县级慈善总会，提出的口号是"不重面子重里子，不讲排场讲慈善"。截至 2018 年 2 月 28 日，累计募集善款达到 30.01 亿元，投入善款 16.06 亿元用于"助学、助行、助听、复明、安居、关爱贫困母亲、孤儿助养、镇村养（敬）老院建设、两癌特困妇女救助"等慈善工程，以及定向投入卫生、教育、老人等慈善公益事业项目，受助困难群众近 17 万人次。

晋江市磁灶镇大埔村党委书记吴金程原来在成都做陶瓷生意，1997 年被村民选为村委会主任后回村工作，之后又担任村党委书记。在担任村干部的 20 多年时间里，他没有从村里领过一分钱，包括出差也是自掏腰包，同时还为村里捐赠了许多钱。村委会办公大楼里贴的大埔村慈善协会捐资芳名录共有 9 人，其中第一位就是吴金程，捐资 300 万元。

晋江的大埔村、前尾村、围头村等 5 个村子兴建敬老院、小学、公园等，见证了移风易俗等精神文明建设活动的开展。

2018 年 6 月 15 日下午，晋江市金井镇围头村村委会的会议室里走出来 100 多位村民。他们刚参加完村里的村民主题日教育活动，当

◇晋江市磁灶镇大埔村村貌

天请的是非遗大数据中心的老师。教育活动的主题是“树立良好家风　共建美丽乡村”。围头村的村民主题日活动开始于 2017 年的 12 月，时间是每个月的 15 日，参照借鉴每个月的主题党日活动，7 次活动办下来，效果良好。

晋江城市管理的理念是：为民建城、为民管城、为民创城。在经济发展上不能落下一个人，经济发展和精神文明要同步发展，要强化共建共享，突出“待遇均等化、保障全覆盖”“城里人乡下人一个样、本地人外地人一个样”。

目前，晋江每年将 65% 以上本级财力投入民生领域，构建完善就业、教育、医疗、住房、安全、环境和社会保障等 7 个民生体系，许多领域都走在全国、全省前列：在全国，率先探索新农合跨省异地结报，率先实现被征地人员养老保险“即征即保”，率先实现治安巡逻村社全覆盖；在全省，率先推行居住证制度，110 万外来创业务工人员享受30项市民待遇，真正让外来人口“引得来、留得住、融得入”；率先实行公办高中和中职学校免学费，每年都有超过4万名学生受益；率先实行乡村医生养老保障制度和城乡环卫保洁一体化。在福建省率先完成国定、省定、市定贫困人口的脱贫攻坚任务，对今后新增的贫困人口全部纳入低保，由政府进行兜底。

晋江的目标是逐步发展成为一座生态宜居、功能完善、初具规模，“本地人留恋、外地人向往、可托付终身”的现代化品质城市。

小农业大文章

“古塔飞峙晋江边，引领明时千百帆。大海重开新丝路，墙桅如林慰先贤。”走进福建省晋江市金井镇围头村故事馆，迎面墙上醒目地展示着中国作家协会副主席陈琦嵘为围头村题的诗句。

围头村位于晋江市东南沿海突出部位，是祖国大陆距离金门岛最近的地方，相距仅5.2海里。自唐开元以来，围头古村落已有1300多年的历史，以“南北洋舟船往来必泊之地”而闻名。战地文化、滨海文化、渔村文化、华侨文化、涉台文化……多元文化汇聚，相映生辉，如今“渔业生产+旅游+休闲+文化”已成为围头村产业融合的发展模式。

透过围头产业看晋江农业今与昔：围头，曾经的小渔村，如今的全国“最美渔村”。一路走来，围头村践行着“晋江经验”，谱写着晋江农业发展的新篇章。

说实话，在晋江这个经济发达的地方，农业所占的比重并不大，其产值仅占总产值的1.1%。但比重小并不等于不重要，并不等于不要发展，而是要考虑如何发展的问题。晋江的农业不是“心肝农业”，而

◇福建省晋江市金井镇围头村沿海风景

是“脾肾农业”，其重要性主要体现在生态意义和社会意义上，是晋江全面发展不可或缺的一个重要组成部分。

除了高效现代外，晋江农业的作用更多体现在生态、旅游、休闲、文化、乡愁等诸多方面。

人均不足 2 分地　高效益带来好收益

福建是个耕地资源紧缺的省份，素有“八山一水一分田”之称，但同时海域面积达 13.6 万平方公里，大陆海岸线 3752 公里，位居全国第二。晋江的情况则完全一样，农民人均耕地不足 2 分，但海域面积达 957 平方公里，海岸线长达 120 公里。所以，晋江的农业首先要在小格局、高产出上做文章。

福建省是全国鲍鱼养殖第一大省，全省的鲍鱼产业是福建海洋渔业经济"十三五"规划中重点打造的百亿元产业链之一。

晋江福大鲍鱼水产有限公司创建于2005年5月，地处晋江市金井镇南江村，养殖范围属于海洋功能区划确定的工厂化养殖区内，是一家大型陆地封闭式工厂化养殖企业，占地面积60亩，育苗和养殖水体达2.3万平方米。鲍鱼的养殖利润非常高，晋江福大鲍鱼水产有限公司年可繁育优质良种鲍苗1500万粒，年产种鲍50万粒。公司与厦门大学展开技术合作，共同开展鲍鱼循环水养殖系统技术研究，现已基本掌握了鲍鱼循环水养殖的水处理关键技术。

在厦门大学科技人员的指导下，企业将有望开展较大规模的工厂化循环水养殖系统建设，并逐步实现鲍鱼生态养殖工程化。同时，南江村村民的经济来源也以海水养殖业和近海捕捞为主，其中养殖业解决了全村近四分之一的劳动力就业，增加了村民的收入。目前，全村有鲍鱼养殖场及各类对虾育苗场22个，海洋捕捞渔船28艘。

2017年9月，晋江福大成为金砖国家领导人厦门会晤水产品专

◇西盘鲍鱼苗

供基地，选送产品“皇金鲍”成为元首级晚宴佳肴。

除了有着海洋资源优势的渔业产业，很多人不知道晋江是福建省最大的胡萝卜种植基地，也是全国冬种胡萝卜面积最大的县区之一。晋江本无胡萝卜，自2002年引进种植，开始时试验示范面积仅300亩，到2008年，推广种植面积达7500亩，经过多年扩张，到2016年全市胡萝卜种植面积达6万亩，年产量24万吨，规模为全省最大，从事胡萝卜种植的各类经营主体达350家。

目前，晋江胡萝卜亩产达5吨以上，生长期长的品种每亩产量最高可达9吨，亩均效益3500元。品种主推“坂田七寸316”良种，兼有“美国助农”“红地”等品种，其中“坂田七寸316”约占种植面积的80%。“坂田七寸”，听名字就能猜出是从日本引进的良种，属中晚熟胡萝卜品种，产量高，品质优，商品性好，耐贮运，适宜保鲜加工出口，较抗白粉病和根线虫。尤其是其商品标准化程度高，每根长7寸，即23厘米左右，其名字也是由此而来。

2018年5月31日，福建省农业厅、发改委、林业厅、海洋与渔业厅公布了第一批82个福建特色农产品优势区，晋江胡萝卜榜上有名，是福建省唯一一个胡萝卜特色农产品优势区。

晋江的地少，一般村子的耕地少则1000亩，多不过2000亩，加之做生意或在企业打工的农民多，所以土地流转率很高，达到60%。把土地集中在愿意种地的人手中，这样成本会降低，效益也会提高很多。

李锦成是晋江的一位普通农民，他在磁灶镇前尾村承包了1000亩地搞种植，要知道这几乎是前尾村的全部耕地了。李锦成在这1000亩地里进行稻菜轮作，两季水稻、一季蔬菜，蔬菜包括花椰菜、蚕豆等，一年纯收入能达到100万元。在李锦成的大片水稻田里，翠绿满目，生机盎然。前尾村已被列为晋江市田园风光开发区，这大片水稻田必不可少，既赚钱又美丽了乡村，一举两得。

点亮智慧农业的灯　与时代同行

智慧农业是农业产业加快转型升级调结构的重点，是现代农业的一大发展方向，也是晋江农业一直以来的实践。

六月天，位于内坑镇砌坑村的力豪现代农业有限公司，大棚里，正在生长着的小西瓜袖珍可爱；大田里，甜玉米郁郁葱葱。

力豪公司是晋江创建省级现代蔬菜产业园的核心企业，同时也是国务院扶贫办农村创业致富带头人实训基地，2018年取得农业农村部中国良好农业规范认证（GAP），目前公司建成物联网系统，实现种植过程全程可视化及生产全程可追溯。公司董事长尤德鑫从小在农村长大，一直在做陶瓷生意，2015年5月成立力豪公司，投入重心从工业转向农业板块，目标是把力豪做成一个大的平台，整合当地的农业资源，解决农户种植难、销售难等问题。力豪公司现流转砌坑村土地总计1215亩，已经开始生产的大棚有250亩，惠及当地村民900多户。

对于经营现代农业，尤德鑫的心得是：农产品首先要品质好，安全适口；其次要品相好，整齐好看；最后要品牌好，这是走向市场并且做大做强的必要条件。品质—品相—品牌，是另一种理解和表述的"三品农业"。

作为一家年轻的现代农业服务公司，福建省晋航农业股份有限公司是晋江范围内唯一专业的智慧农业平台建设供应商。据公司总经理洪良彬介绍，公司开创了晋江首个无人机植保业务，在晋江积极推行农业无人机植保，实现"公司＋基地＋农户"的植保服务，防

◇福建力豪现代农业有限公司正在作业的250亩蔬菜大棚

控病虫害。目前，晋航植保已承接福建省内10万余亩水稻的防控作业，并试验成功胡萝卜这一晋江特色作物的无人机植保技术。

一二三产业融合发展　乡愁就在村里头

听潮、看海、逐浪、踩沙滩、吃海鲜、住民宿、听故事、体味红色文化……一站式乡村旅游目的地的首选"海峡第一村"围头村，是一个有着悠久历史文化、可以体会到浓浓乡愁的村庄。

2007年以来，围头村先后获得"中国美丽休闲乡村""全国休闲农业与乡村旅游示范点""中国特色景观旅游名村"等30多个"国字号"和"省字号"荣誉。

围头村经济正在走"渔业生产+休闲旅游"的发展之路，把乡村旅游融入渔业生产，从而提高渔业生产的附加值，去年全村一年游客量突破150万人次，是全省人气非常旺的乡村旅游景点。休闲渔业拓展了围头村渔民的增收渠道，2017 年，全村鲍鱼养殖产值达到 2.5 亿元，乡村旅游收入达到 1.2 亿元，村民年人均纯收入达到 3.5 万元。

2017 年，围头村获得全国"最美渔村"称号，是晋江推进"海洋 + 旅游"、推动产业转型升级、海洋生态文明示范区建设与生态融合的一个典范。

围头村因势利导，推进"旅游 +"，从整合"滨海、战地、渔村、侨台、海丝（海上丝绸之路）"五大文化，到构建"绿色渔村、蓝色海湾、白色沙滩、红色遗址、金色人文"五色围头入手，致力于打造旅游与乡村建设和生态融合的乡村旅游特色村，其做法很有借鉴价值。

运伙村是晋江市老区村之一，以曾任泉州中心县委书记的革命烈士许运伙的名字命名。全村总人口 1395 人，旅居港澳台的同胞及海外的侨胞有 2000 多人。

今年 72 岁的郑金表老人现任运伙村村委会主任，他的家——金

◇海峡第一村——晋江市金井镇围头村

表体育文化展览馆陈列着老人与多位体育明星的合影，以及老人收藏的数千件和体育相关的纪念品，也是运伙村的另一个“名片”。

相较于其他的美丽乡村，运伙村没有得天独厚的自然条件，但勤劳的运伙村村民以山体景观、水体景观、现代农业和历史文化资源为基础，将家乡打造成集红色文化、金色文化、绿色文化、蓝色文化、紫色文化为一体的多功能综合旅游基地。如今的运伙村不仅是全国休闲农业与乡村旅游三星级单位、中国最美休闲乡村，还是福建省文明村、福建省生态文化村、泉州市十佳乡村休闲基地、泉州市首届十佳美丽乡村、晋江市美丽乡村典型示范村。

2015—2018 年，晋江市累计投入 7.54 亿元，打造各级美丽乡村 70 个，现已培育 42 个晋江市最美乡村和 42 个晋江市最美乡村创建村；开展以“微景观、微菜园、微庭院、微森林、微墙绘，大学生夏令营、国庆建造营、校园双微创意营、大树微景观工作营、大学生寒假社会实践营，大学生农业农村创业创新”为主要内容的“五微五营双创”活动，2017 年 7 月—2018 年 1 月，吸引 100 多支团队、370

◇金表体育文化展览馆内收藏的体育纪念品

多名在校大学生到村（社区）利用"四旁四地"、边角地块创作一大批原生态、乡土味浓厚的乡村微景观，实现美丽乡村建设从"高大硬"向"实精美"（即实用、精致、美丽）转变发展；完成5轮22个村级公园评审，15个村级公园建设完工。

同时，晋江还选择14个重点片区和2个特色田园风光基地作为全市打造田园风光的主抓手，大力推进一二三产业融合发展，涉及耕地面积共8.11万亩，其中基本农田7.1万亩。待2019年田园风光项目全部成型后，不仅会有大片的农田，还会有马拉松绿道、胡萝卜博览园和绿色植物长廊等美丽景观。

我们既要发展好工业，也要发展好农业，不能因为城市发展建设，而找不到回家的路。

刘强　李纯　刘菁 / 文

贵州贵阳：

重整田畴织锦绣

土地连片整治，推动产业振兴，是农业现代化发展的必然要求，也是实现农民持续增收的有力保障。

贵阳市是贵州省唯一没有万亩耕地大坝支撑的市（州），喀斯特地貌突出，耕地分散，土地和土壤资源显得非常珍贵，农业发展先天条件重重受限。贵州省委常委、贵阳市委书记赵德明提出“要下决心用 15 年左右的战略跨度解决土地碎片化问题”。

高质量耕地资源稀缺，高标准农田建设迫在眉睫

贵阳市作为贵州省会城市，近年来，随着城镇化的快速发展，大量的土地资源被占用，基本农田保护区大部分为坡耕地，优质耕地资源极为短缺，严重制约了农业现代化的发展和对城市农产品的有

效供给。

贵阳市农业农村局提供的数据显示，根据 2017 年贵阳市土地利用现状变更成果，贵阳市土地总面积 1206.50 万亩，其中，耕地仅有 385.20 万亩，林地 502.90 万亩，建设用地 135.94 万亩，未利用土地 111.56 万亩，其他农田地 70.90 万亩。

在 385.20 万亩的耕地中，也是地多田少，旱地占比超过 72%，并且是坡地多平地少，耕地地块破碎，耕地质量低。贵阳市已建成高标准农田 110 万亩，占耕地面积 28.5%。由于已建成高标准农田投资均在 1500 元 / 亩左右，投资标准偏低，宜机化等功能尚不完备，难以适应农业现代化的需要。

加快贵阳现代山地高标准农田建设成为当地农村经济发展的重中之重。

高标准农田的建设涉及多个单位，“船大难掉头”，建设标准难以达到统一。贵阳市农业农村局会同市自然资源、市生态环境、市农投集团、市金地公司等相关部门多方协作，政企联动，分析问题，谋划实施现代山地高标准农田整治示范区项目建设。

按照坡改平、旱改水、瘦改肥和规模化、标准化、设施化、机械化的“三改”“四化”目标要求，以贵阳市农投集团、市金地公

◇贵阳市 2.5 万亩高标准蔬菜基地的蔬菜大棚

◇贵阳市乌当区高标准农田建设现场热火朝天

司作为示范区项目建设主体，在乌当区和开阳县开始第一批项目试点示范。项目计划投资 12 亿元，建设山地高标准农田整治示范区 5 万亩，实现新增耕地 1700 亩，新增水田 1.1 万亩。

突出山地特色，高标准推进农田建设

在推进高标准农田建设中，贵阳市对耕地坡度 15 度以下相对集中、连片面积达 100 亩以上的区域 ，原则上进行规模化开发和破碎化整治，宜梯则梯，宜平则平，地块归并率高于65%，通过归并整理，单块面积不低于 5 亩。

为了能让建成后的高标准农田旱能灌、涝能排，贵阳市以生态拦、蓄、引为主，提灌为辅，根据灌溉规模、地形条件、田间道路、耕作方式等要求，合理布置各级输配水设施及渠系建筑物，保障田土块通水率达 100%，灌溉保证率高于 80%。

在田间道路布局上，贵阳市为了适应农业产业现代化的需求，与

◇空中俯瞰贵阳市乌当区高标准农田建设现场

田、土、山、水、林、电、村规划相衔接，对田间道路和生产便道进行统一规划，确保田间道路通达率达到100%，以满足农业机械化和生产生活便利的需要。

土地平整过程中，为了确保土壤肥力不受损，贵阳市把土壤分层剥离后，按土壤类型、土壤层次、利用方向进行分门别类堆放。在施工期间采用无机物、有机物及生物菌剂进行土壤改良培肥。

“根据项目地农业自然条件，确定农业产业规划，配套与产业相适应的大棚、喷滴灌和水肥一体化等设施，保证智能化、规模化、标准化生产种植。完善采后处理、冷链物流、肥料配置、秸秆处理、农业信息化等配套农业设施，实现农产品产销结合，推进农业全产业链高效发展。”贵阳市农业农村局副局长陈先睦说。

同时，贵阳市在推进高标准农田建设项目中，通过实施水源涵养林工程、岸坡防护工程、沟道治理工程、坡面防护工程、湿地工程等农田生态环境保护工程，与田、路、渠、沟、池、塘等工程措施有机结合，维护农田生态系统安全。

据了解，在试点先行的基础上，贵阳在全市范围内选择条件成熟、集中连片的区域，把以前的“望天田”“斗笠田”变成统一的高标准农田，计划到2025年打造50万亩“生产规模化、耕作机械化、灌排可控化、土壤肥沃化、管理便捷化、田园景观化、布局生态化”的现代山地高标准农田整治示范区。

让农业有看头、农村有奔头、农民有甜头

走进息烽县石硐镇大洪村高标准农田建设后形成的农业产业园区，硬化道路纵横交错，灌溉网络四通八达，园区工人正在给猕猴桃施肥。

高标准农田建设项目的实施，改变了园区生产能力落后的面貌，促进大洪村猕猴桃、脆红李等优势特色产业持续健康发展，同时通过“康农共享”和“六权共享”等方式，搭建经营主体与村集体、贫困户利益联结机制，带动贫困群众脱贫增收，促进乡村振兴。

如今，大洪村的精品水果销售带动全村实现生产总值1000多万元，贵州中康农业科技有限公司在当地创建的“猕天大圣”猕猴桃品牌，远销新加坡、加拿大等地。

在处理经济社会发展与耕地保护的关系上，贵阳市主要领导多次提出，要做到土地利用与保护耕地结合、与推进农村产业革命和乡村振兴结合、与国有企业市场化转型结合、与市场化运作结合，实现经济有增长、地方有收益、农民有收入、企业有效益。

“振兴农村经济，不仅是产业选择上的一场‘革命’，更是农民陈旧观念的‘革命’。让农户转变观念，推倒田坎、平整田块是坝区建设中的第一步。”贵阳市农业农村局副局长陈先睦说，“过去，田坎的主要功能是区分农民各家土地的边界，利用率极低。长期以来，由

◇贵阳市 2.5 万亩高标准蔬菜基地中的务工村民

于田坎的割据，农民都是只管自己的一亩三分地，产业不成规模，市场应对能力差，难以适应机械化耕种，劳动力投入大，市场应对能力差。”

为啃下“推倒田坎”这块“硬骨头”，确保高标准农田建设项目如期建成，参与项目的党员和干部白天黑夜走村串户做农户的思想工作。通过召开“坝坝会”，以宣讲现代农业知识、算经济账等方式，打消农户的顾虑。

“为取得老百姓的信任与支持，村里还组织村民代表到安顺参观万亩蔬菜基地，联系农技人员开展现代农业种植技术培训等，几经周折，项目建设涉及的 203 户农民的 960 余亩流转地的田坎已全部推倒，实现了坝区土地连片开发。”花溪区马铃乡高标准农田建设项目点负责人说。

田坎倒了，土地平了，山一块水一块的土地连成了一片，农民心里的隔阂也消除了，平整的土地上农业产业也焕发了生机。花溪区马铃乡高标准蔬菜保供基地的 1037 亩黄瓜、黄花菜、辣椒、黄豆等大棚蔬菜纷纷摘果，3000 吨蔬菜源源不断地销往贵州、广西、香港等地，总产值达 1000 万元以上。

贵阳市结合现代山地高标准农田建设项目的实施，有效发挥“土地整治 +”效应，选择项目区内行政村及涉农社区，整合人居环境，投入整治资金对区域村寨进行美化亮化提升，实施产区变景区、田园变公园、劳作变体验、农房变客房等“四变工程”。同时把现代山地高标准农田示范区建成全市乃至全省农业现代化的“样板田”和“排头兵”，打造具有贵阳特色的“三生融合”美丽乡村。

“接下来，还将继续采取‘市级平台公司 + 区级平台公司 + 村合作社 + 农户’模式，进一步完善利益联结机制，通过蔬菜基地发展，以点带面，推动全市蔬菜产业和农业产业结构调整，带动农民发展乡村旅游，实现农旅融合发展增收。”贵阳市农业农村局副局长陈先睦说。

一条条顺畅相通的渠道，一条条笔直宽阔的机耕道，一块块平整肥沃的大田，一片片高产稳产的高标准农田，支撑起了贵阳的农产品供应，托起了百姓的致富希望。

刘久锋 / 文

安徽：

老牌国企的新征程

“十三五”期间，安徽农垦最大的变化是现代农业主业越来越突出，过去农业利润长期徘徊在5000万元左右，到“十三五”末达到了1.8亿元，比2015年的7924万元增长了2倍多。

“十三五”以来，安徽农垦认真贯彻落实党中央国务院以及安徽省委、省政府关于进一步推进农垦改革发展的文件精神和乡村振兴发展规划，全力推进农垦改革发展，取得了显著成效。“十三五”末实现营业收入41.6亿元，比2015年增长55.63%，实现利润3.5亿元，比2015年增长39.44%。

啃硬骨头，打出改革组合拳

隆冬的华阳河农场场部与二场连接的人行道与往年有明显不同，过去路上经常是尘土飞扬，车辆和行人混在一条线上，存在较大的安全隐患；西边的“臭水沟”杂草丛生，淤泥堆积，气味难闻。而今，昔日的“臭水沟”变身为夕阳中的小桥流水，河道边已成为绿树丛生、花草相间的景观带。傍晚时分，蜿蜒的彩色水泥步道向田野延伸，农场职工三五成群地在这里散步，一起踏着薄暮走向余晖……这是华阳河农场与分离办社会职能改革相配套的“三供一业”移交物业改造工程催生的一道风景线，投资6000多万元的物业改造工程产生了明显的社会效益和生态效益。

“这是华阳河农场分离办社会职能改革带给农场职工的一个温馨大礼包，改革给了我们更多的获得感和幸福感。”农场退休职工吴礼正说。

“十三五”对于安徽农垦来说是不断深化改革的五年，面临的阻力和压力兼有，特别是分离办社会职能改革一度滞后。2018年下半年，安徽农垦重新规划改革时间表和路线图，主要领导直接领衔督导，工作专班倒排“工期”挂图作战，建立督办和激励机制，短短5个月内奋起直追，迎头赶上，如期完成农业农村部下达的分离办社会职能改革任务。垦区20个国有农场办社会职能改革基本完成，其中14个农场整体移交，6个农场采取内部分开、管办分离、政府委托、购买服务的方式改革。安徽农垦土地确权走在全国垦区的前列，目前完成率达100%，为其他垦区提供了成功的典型案例。

在完成上级部署的改革任务的同时，安徽农垦不断深化内部体制机制改革，激发内生动力。2019年新年之际，安徽农垦启动了集团总部“三项制度”改革。按照去行政化、强市场化改革思路，优化调整了集团公司机构和职能，进而出台绩效考核办法，规范了人员任用、职务职级、薪酬待遇和业绩考核等办法。垦区20个农场完成了公司制改革，初步建立了农场公司组织架构和法人治理结构，并

◇安徽农垦寿西湖农场麦收场面

于2020年底正式启动农垦事业管理局“事转企”改革。

从“两田制”破题入手，稳妥推进农业经营管理体制改革。以“五统一”（统一品种布局和供种、统一生产资料采购供应、统一农艺措施、统一原粮购销、统一核算）为抓手，扩大农业规模经营，提高农业经营效益。

以种业上市为目标，加快推动皖垦种业“双百行动”改革。健全法人治理结构，组建了营销中心、皖垦生物工程研究院，推进以营销为龙头的“推育繁”一体化建设，确立了3年左右上市的发展目标。

爬坡过坎，提升发展新动能

“十三五”不易，更不易在2020年。先是一波波猝不及防的新冠肺炎疫情来袭，接着是一场场突如其来的暴雨洪灾从天而降。以改革托底，以发展为要，安徽农垦经受住了严峻考验。

2020年安徽农垦努力克服疫情影响，夏粮再获丰收，单产和总产再创历史新高。小麦种植面积30.8万亩，平均单产463公斤，比去年增长2.6%；总产14.2万吨，在种植面积比去年减少6000亩的情况下仍增长0.7%。各相关企业开足马力满负荷生产，保障市场供应。倮倮米业和雁湖面业发挥省级定点应急加工和配送中心网点的作用，开足马力复工复产，在关键时刻体现出农垦担当。

安徽农垦在持续抓好防汛抗洪的同时，抢抓时间恢复灾后生产，按照“灾害损失灾后补、主粮损失副粮补、一产损失二三产补”的工作思路，因场因地因苗分类施策，实行科学救灾、技术复产。虽受特大洪涝灾害等不利因素影响较大，但安徽农垦集团仍保持持续向好的发展态势。

农产品加工和产能得到提升。将大圹圩农场和倮倮米业整合到

◇皖垦种业明光分公司种子收购场景

农产品公司，按照一二三产融合发展的模式打造稻米产业，实现年产优质大米2万吨、糯米粉3000吨，营业收入4亿元，利润1100万元；年产3万吨糯米粉项目即将投产。雁湖面粉公司年加工小麦3.5万吨，生产面粉2.6万吨，实现营业收入1.1亿元。投资4亿多元的两条日产500吨工业面粉生产线正在建设之中。

专用品牌粮食生产成为新亮点。建成50万吨粮食仓库，建设了配套的粮食烘干线。目前垦区8个粮库共存储政策性粮食26.5万吨。垦区品牌粮食为五粮液等食品企业提供了优质原料。

特色养殖业渐成气候。农垦集团控股的10万头安庆六白猪扶贫项目，生猪存栏已达1万余头，实现年营业收入1.2亿元。农垦集团与天邦食品集团合作养殖生猪项目正在推进中，首批1.6万头母猪养殖项目建设已启动。垦区稻渔综合种养面积已达7万亩，年产小龙虾1万吨，全部销往长三角地区。

茶林酒产业形成皖垦特色。皖垦茶业集团拥有4万亩连片茶园和安徽省大宗茶出口创汇基地。目前垦区茶叶年产量达1万吨，酒产量3000吨。

品牌建设和市场营销持续发力。构建了“皖垦”母子品牌体系，“皖垦”品牌入选首批中国农垦公共品牌目录，皖垦品牌广告首次亮相央视。每年设立1000万元产品营销基金，组建专业营销公司，皖垦电商目前开设了天猫、京东、拼多多等平台的旗舰店；在省城成立皖垦e家旗舰店，集中展销安徽农垦以及全国农垦绿色优质农产品。推进米面产品进入41家省内厅局和高校食堂、智能碾米营销进城市社区活动。

农业科技创新连出实招。建立健全农业科技创新体系，出台了推进农垦农业科技创新一系列激励措施，每年拿出2000万元专项资

◇安徽农垦龙亢农场有机大米生产基地

金用于农业科技创新。共安排科研经费3511万元，组织开展了5项农业重点技术项目攻关，取得了明显成效。引进世界一流、国内首创的大米加工新技术，实现"三降"（降碎、降温、降耗）和"三增"（增量、增质、增效）。初步形成了一批科技创新成果，皖垦种业共有7个农作物品种获得省级以上审定，其中"皖垦"津清粳稻品种获得国家审定，皖垦种业优质抗病两系杂交稻材料创制技术研究与新品种选育项目等通过了省绿色食品管理办公室审核，草莓脱毒育苗技术得到推广运用，抹茶、高档黄茶产品研发取得成功。

对标先进，全面融入长三角

当前，安徽农垦正在认真贯彻落实党的十九届五中全会和习近平总书记考察安徽重要讲话精神，围绕中央经济工作会议关于建设国家粮食安全带的部署，扣住中央农村工作会议关于"推动品质培优、品质提升、品牌打造和标准化生产”的安排，认真谋划制订“十四五”发展规划，对标长三角先进垦区，主动融入长三角一体化发展，在保障粮食安全中彰显农垦更多担当，在推进农业现代化中实现农垦更大作为。到“十四五”末，集团营业收入力争达到150亿元，实现利润总额10亿元。

“十四五”期间，安徽农垦将围绕乡村振兴和长三角一体化发展战略，建立长三角垦区协同合作机制，建设长三角绿色优质农产品生产加工供应基地，加快在种植养殖业、农产品精深加工、农业生产性服务及农旅融合等领域发展，以“致力绿色有机，服务美好生活”为宗旨，以更多更好的优质绿色有机产品满足广大消费者的需求，更好地服务人民群众生活。尤其在农产品精深加工领域重点发力，不断延长产业链，提高附加值，增强竞争力，为保障粮食安全和推进农业现代化做出新的贡献。

王洪　王紫／文

浙江余姚：

金融下乡让老区迸发“新机”

绿色金融是推动绿色产业发展的内在动力，也是金融机构的时代责任与重要机遇。近年来，我国绿色金融体系快速发展，与乡村振兴战略深度结合，为“两山”转化打开了一条条通路。

地处浙东四明山麓的余姚市梁弄镇，是全国百个红色经典景区之一。抗日战争时期，这里曾是浙东抗日根据地的领导中心，有着“浙东小延安”之称。在农行宁波市分行绿色金融的“浇灌”下，该镇做强“红色经济”、逐浪绿色发展，正迸发出勃勃生机。

金融活水“灌”产业

2019 年，梁弄镇东溪村东篱农场的老板孙国权想提高果园水果的品质，并开始瞄准中药材种植。他发现，避雨大棚造价并不算高，可灵芝大棚得连栋，还需配备智能化装置，建造成本超过百万元。

了解到孙国权这一资金需求后，农行宁波市分行辖内余姚支行马上为他推荐了名为“农信保”的信贷产品。与很多需要抵押物的贷款产品不同，其采取银担合作模式，由余姚农信融资担保有限公司提供担保，农行提供信贷资金支持，不仅放贷速度快，利率也十分优惠。

很快，孙国权就拿到了50万元的贷款。不久，几个灵芝大棚拔地而起。眼下，灵芝采收已告罄，但另一味名叫桑黄的珍贵中药材仍“养在深闺人未识”。“一颗的成本，就得将近100元，但效益也颇为可观，种得好，能卖500元一颗。”孙国权说，去年，他又贷了50万元，用于扩大中药材种植面积。

如果说，农行的100万元贷款为孙国权打开了一片新天地，那么，对于百果园农场老板汪国武而言，连续多年的信贷支持，让他更加笃定了品质提升之路。

20多年前，年轻的汪国武回到老家汪巷村，在一片杂草丛生的

◇孙国权介绍中药材桑黄

荒坡地开始了造梦之旅。如今，汪国武的500亩果园里有樱桃、蓝莓、桑葚、柑橘等。汪国武致富不忘乡亲，把好品种免费推荐给周边村民，无偿传授种植技术，还成立合作社，组织大家升级品种、拓展市场，成了梁弄镇上万亩水果的“总农艺师”。

“扶持像孙国权、汪国武这样的农业主体，就像播下一粒粒种子，由他们来带动更多老百姓增收致富，也能大大提升金融资金的使用效益。”农行余姚支行行长何力威说，“梁弄镇已有12家农户成功获得‘农信保’贷款，接下来，我们还将扩大服务领域，帮助主体加快现代化改造，助推产业升级。”

从“一村富”到“村村美”

走进梁弄镇的横坎头村，很难想象，眼前这个风光旖旎的现代化村庄，曾经房破屋旧、山路坎坷。“一年两季稻，人穷往外跑。早前，村集体负债45万元。”村党委书记黄科威说，这就是横坎头的旧时写照。

十多年来，横坎头村大力发展红色旅游，利用绿色资源壮大特色农业。黄科威报出了一串数字：2003年时，村里农民人均年收入不到2700元，2020年达到了40228元；2020年，村集体经济可支配收入超过了1020万元，同2003年相比增长37.8%。

“现在，我主要有两大任务。首先，怎么样让游客多起来，让他们的脚步慢下来、停下来；其次，如何让一村‘绿富美’变为村村‘绿富美’，带动更多周边村庄共同发展。”黄科威说。

为此，横坎头还真是下足了功夫。在村庄的核心区内，有十二生肖美丽乡村景观作品，游客既能合影留念，还能扫码互动，集齐后可抽取消费券、礼品券等。过去村口的垃圾场，摇身一变成了休闲草坪，置以秋千、足球框、蹦蹦床后，成了天然亲子乐园。新落成的红村剧场，融入灯光秀、表演等项目后，点亮了“夜经济”。

在旅游项目上，横坎头村动足脑筋，而作为基础产业的培训业务，已在村里落地开花。2020 年 11 月，横坎头村创办了浙东延安红色文化学院，并挂牌浙江四明山新希望绿领学院，主要瞄准高校、机关、企事业单位的培训项目。

2019 年，农行余姚支行党委与梁弄镇横坎头村党委结对共建，银行除了在美丽乡村基础设施上加大了信贷支持，还通过推进农户建档工作，让普惠金融成为农民创业的第一桶启动资金。

近两年，在梁弄镇的很多村，一下冒出了不少大糕店、特产店、农家乐和特色民宿等。据了解，截至 2019 年底，农行余姚支行已向梁弄镇个人或其经营的企业投放普惠贷款 7188 万元。2020 年，梁弄镇接待游客 162 万人次，实现旅游收入近 3 亿元。

数字化赋能乡村振兴

行走在梁弄镇，“五彩梁弄”标志随处可见。这是农行宁波市分行与梁弄镇合作共建的数字乡村平台，目的就是帮助梁弄镇实现农旅商圈“线上线下一体化”，美丽乡村“可视可听”，乡村治理“线上化数字化”，金融服务“如影相随”。

博士出身的鲁华是梁弄镇的团委书记，同时是横坎头村联村干部，与农行和政府的几位小伙伴一同负责“五彩梁弄”的日常运营。为了让平台更接地气，前期开发时还专门针对村干部、村民和游客进行了需求调查，由此确定了各个功能板块。

"五彩梁弄"的微信公众号分为党建引领、梁弄之旅和百姓之窗三个模块，点击进入后，功能丰富多样；每户家庭的门口则有个"户联码"，村"两委"、网格员只需手机一扫，便可实现"村情民情一张图"，村民办理各项事务也能"码上办"。

"与银行共同运营的好处在于，今后可以采取积分制，将村民诚信管理成果引入乡村治理，并且与农村金融结合起来。接下来，农行还将订制'五彩梁弄'支付二维码，游客和村民扫码支付以及关注公众号后，即可享受满减优惠。"鲁华说。

据了解，2020年国庆期间，"五彩梁弄"开始试运行。通过发放立减券，一下子为很多入驻商户带去了客流量。现在，借助公众号里的智能导览系统，游客不仅可以一键触达游览路线、语音讲解，定位公厕和停车场，还能将镇域内的大糕店、民宿、农家乐、采摘果园一网打尽。

值得一提的是，金融助力数字化赋能乡村振兴，接下来将深化至宁波全市。据农行宁波市分行行长彭超英介绍，"十四五"期间，农行将全链条打通，全面支持宁波"大花园建设"，形成县域旅游新产业链，同时做长产业链，以核心景区为重点，绘好金融图谱，对接上下游客户流、资金流，并在信贷支持的基础上，联动营销POS机、网上购票、电子支付等多元化产品，做好乡村旅游基础金融服务，为宁波乡村振兴添砖加瓦。

陈芋荣　朱海洋／文

贵州贵阳：

“花小莓”诞生记

提起草莓，你会想到什么？鲜红的果实、柔软的质感还是美味的口感呢？长期以来，草莓有着“水果女王”的美誉，不难看出，它在水果界的地位像女王一样，高贵又优雅。2020年，贵州省贵阳市花溪区立足当地良好的草莓产业发展环境，将区域内的草莓种植户全部联结在一起，实现了“一扩大、六统一”，将草莓做成了花溪区有标志性意义的农旅高度融合的农业龙头产品。

“这个周末去哪里放松啊？”

“去花溪啊，摘草莓去！”

类似的对话在贵阳经常听到，闺蜜们相约去拍照，幸福的小家庭带着孩子去采摘，就连好兄弟之间，也愿意搬出闲置的自行车，骑行十几二十公里，到花溪的各大草莓园中过一把田园瘾。

冬季，正是花溪区草莓集美貌与美味于一身的季节。目前，花

◇孩子们在大棚里采摘草莓

溪草莓种植面积达1100余亩，分布在小孟、清溪、青岩等交通便利、游客数量较多的干道附近，年产草莓1800吨，占贵阳市草莓总产量的八成以上，在市场上具有很高的知名度。“到花溪摘草莓”已经成为贵阳市民周末休闲娱乐的首要选择。

尽管花溪区的草莓生产效益好，销量也好，但在生产中仍然存在许多问题。

“一方面存在有口碑、无品牌，有产品、无品质，有规模、无规划，有效益、无带动，有市场、无组织等产业发展政策引导、顶层设计问题；另一方面还存在质量安全、品种更新等技术层面的问题。”花溪区农业农村局草莓产业专班负责人吴亨进两句话就道出了花溪区草莓发展的症结。

每到草莓上市的时间，花溪区街头小巷都是草莓种植户的身影，背着背篓的，挑着箩筐的，各有各的想法，各有各的价格，经常出现为了竞争客户恶意降价出售的行为，市场秩序混乱，商家间没有养成良性竞争的意识。

产业瓶颈不突破，产业优势很难凸显。近两年来，花溪区加快草莓产业结构的升级，将传统的草莓产业从第一产业的大比重向第二、三产业发展，同时促进产业内部升级，提高产品附加值，提高技术集约化形式，提高生产效率并向纵深发展。

花溪区启动了"草莓产业提升"工程，实施"一扩大、六统一"工程，从规模、标准、质量、品牌等方面打造花溪草莓品牌。

想要完成产业发展"一统"，说服草莓种植户按照规划来种植并不是一件容易的事情。调整规划期间，各乡镇的党员干部白天在草莓园，晚上在农民的院坝，既当战斗员、组织员，又当协调员、技术员，给农民讲政策、讲技术、讲市场。

如今，再游花溪，不光能看到美如画的风景，还能尝到不同口味的草莓。"到花溪摘草莓去"不仅是一句口号，更成了一种向往，是人们对浪漫、美好生活的一种向往。

花小莓"横空出世"

花溪区位于黔中腹地，是全国首批全域文化创新区，距贵阳市中心仅 17 公里，冬无严寒，夏无酷暑，雨量充沛，优越的自然条件造就了花溪区"高原明珠"的美名。花溪公园的水清澈见底，十里河滩的垂柳婀娜多姿，青岩古镇的古建筑交错密布。花溪的美是自然的美，碧树红花相掩映，青山绿水共为邻，如今的花溪，在绿水青山中孕育出了不少的优质农产品，草莓，就是其中之一。

花溪农业产业的发展遵循"有机高端，农旅融合"的总体要求，在各类产品的打造上，也极具当地特色，所以农业产业品牌在命名方

◇大棚里长势大好的草莓

面也结合了花溪区的特点。

“花溪的草莓，草莓成熟前还会开花，‘花’字肯定少不得！”

“草莓也是农业产业之一，虽然只是其中一个小小的组成部分，但承载着花溪区发展大大的希望啊！‘小’字含义深刻！”

“草莓草莓，美好、莓好！种草莓，追求美好生活，‘莓’字也要体现！”

2020 年 9 月 15 日，在花溪区草莓产业品牌讨论会上，科研人员、行业主管部门负责人、品牌建设者、产品运营方齐聚一堂，你一言我一语地商量着品牌的名字、寓意和形象设计。按照品牌的定位，花溪区最终将草莓产业品牌取名为“花小莓”：花——花溪、草莓花；小——小产业，大希望；莓——草莓、美好。商标图案将草莓元素和花溪吉祥物相结合，由“花花 + 溪溪 + 草莓”构成，寓意着为草莓梦想而奋斗，希望当地每个农民都能富起来，让草莓成为花溪区乡村振兴的主导产业。

花溪“花小莓”草莓产业按照“公司 + 合作社 + 农户”的产业

化模式进行打造，由花溪城南公司作为龙头企业，负责花小莓商标注册、品牌营销、花小莓系列衍生产品的生产及销售和草莓种植户产品回收工作。当前，该公司生产的草莓雪花酥、草莓牛皮糖、草莓糕等 7 种休闲食品已顺利上市，漂亮的包装和独特的口感获得消费者的一致好评。

截至 2020 年 12 月，花溪区 98 户草莓种植户加入花溪明珠草莓产业合作社，合作社通过"传帮带"的方式，由老社员带新社员传授草莓种植技术，按照统一的技术标准进行管理，统一品牌、统一包装、统一销售、统一质量、统一管理、统一形象，有效地提高了草莓的质量和产量，经检验达到标准后，才能贴上"花小莓"的标签上市销售。

"花小莓"带来美好生活

"以前背着草莓去人多的地方卖，竞争大得很，要么便宜点卖出去，要么就背着回家自己吃，卖不出好价钱啊！"

"现在哪里还需要背出去卖啊，游客自己跑来摘，个头大的就直接被游客带走了，个头小的被合作社收购去加工成其他产品，我们只要负责种好草莓就可以了，没有压力，开心啊，哈哈！"

2020 年 12 月 12 日，在花溪区草莓品牌发布仪式暨首届草莓采摘季启动仪式现场，草莓种植户熊庆详、徐小海的脸上全是笑容。

"花小莓"品牌的建立和推广，加快了花溪区草莓产业间的融合，推动了草莓产业转型升级的进程，使草莓产业从单一的农产品定位向零食消遣品、旅游商品定位转变，将一二三产业有机地结合在一起，充分挖掘花溪草莓的发展优势，为花溪草莓产业发展转型

◇孩子们开心地拿着花溪草莓

提供了新的方向。

目前，在抖音平台上，“花小莓”品牌的点击量已经超8万次，吸引了众多“网红”前来花溪打卡，其中不乏带货能力一流的网络大咖，“花小莓”品牌有效地增加了花溪区草莓种植户草莓的销售量。

花溪区通过媒体宣传、“网红”带货、游客分享的方式，让花溪草莓的知名度再次扩大，由于冷藏、包装、物流等配套设施的完善，曾经娇气的“水果女王”走出产地，被越来越多的省外客户所品尝，花溪的草莓现在已经出现了供不应求的现象。如此的市场影响力，必定会为当地草莓产业的高质量发展带来新的机遇，也将有效改善区域内农产品内卷化的现象。

“花溪草莓特别有名，而且我觉得比超市里面那些草莓好吃，还没有那些草莓贵！”像刘先生这样从贵阳市区驱车前往花溪摘草莓的人很多，大部分家长都觉得孩子本来就非常喜欢吃草莓，花溪草莓价格又不贵，干脆就带他们过来边采摘边学习，体验一下劳动的乐趣。

“安全嘛，花溪空气好，水又干净，土地也没有被污染。这种地方种出来的东西，吃起来放心嘛！”来自贵阳市白云区的吴女士则是从安全的角度出发，穿越贵阳市来到花溪采草莓。

自“花小莓”品牌发布后，花溪区的草莓有了一个共同的名字，有了统一的标准，有了同样的价格，“花小莓”将花溪草莓这个具有地理标志意义的特色农产品重新换上新装，从人人熟知的花溪草莓变成了花溪区的草莓——“花小莓”。

王小川 / 文

山西：

昔日老醯土特产 “飞”入万千百姓家

山西人，过去常被戏称为“老醯”。山西位于全世界最大的黄土高原之上，独特的地理和气候条件孕育出了许多独特而优质的产品，却由于开发不够而在市场上显得分量不够。近些年来，山西省市场监管系统、知识产权系统大力推进商标注册便利化改革，促进品牌发展，使得山西的商品开始走上全力发展的阶段，特别是农特产品，更是以其独有的“黄土”气质开始进入更加广阔的市场。

一群人一辈子一件事——山西老陈醋

说起山西最有名的两件东西，恐怕毫无争议应该是煤和醋。煤的事先不说，单说醋，这应该是“一群人一辈子一件事”的生动体现。山西醋的酿制技艺成熟于明末清初，陈醋特别是老陈醋是其“高端”的代表，而在山西醋业中，又以清徐县最大，其醋产量占到了山西醋产量的70%。

目前清徐醋年产量为70吨，产值70亿元，醋业产值占全县GDP的14%。但全县有醋厂43家，各自打各自的商标，总显得整体力度不太够。于是经过申请，清徐县于2016年6月获得山西老陈醋地理标志证明商标。之后清徐醋业一路高歌，以酿醋原料高粱为例，由于醋业加工对高粱的需求增加，当地在2019、2020两个年度里，退玉米种高粱，两年内高粱种植面积增加了2万亩，现种植面积达到6万亩。2020年一斤高粱的收购价为2.1元，农民种植1亩高粱纯收入可达1500元。

目前，山西老陈醋已入选首批中国100个地理标志受欧盟保护产品。醋业的良性发展既让老品牌保持了继续成长的活力，也让新品牌成为醋业市场的重要生力军。

新品牌以“紫林”为例。紫林醋业成立于2000年，年产醋20万吨，带动当地农民种植高粱1.2万亩。紫林商标在2012年即获得中国驰名商标称号，紫林山西老陈醋是市场上的紧俏商品。

老品牌如山西水塔醋业股份有限公司，该公司现年产醋30万吨，带动3万亩酿醋专用红高粱种植基地。同时，该公司还建起了宝源老醋坊，成为国家级4A景区，里面有蒸料间、酒醅间、醋醅间，游客徜徉其间，一路闻着醋味，还真是别有一番“滋味”。

这就是典型的“地理标志打造品牌—品牌带动形成优势产业—产业集聚形成规模效应”。

◇山西水塔醋业宝源老醋坊

从概念到品牌——运城面粉和运城苹果

运城市是山西著名的农业大市，运城面粉和运城苹果的知名度也一直较高，“运城面粉”和“运城苹果”成为商标却是近几年的事情，这也促成了地方名优农产品从概念到品牌质的飞跃。

2020 年 2 月 14 日，“运城面粉”被核准注册为地理标志证明商标。之后，运城市在北京西站、太原南站的运城面粉广告宣传滚动视频全部上刊；运城面粉在运城机场、运城北站、机场大道的广告牌也全部上刊，形成运城面粉广告宣传全面出击的浓厚氛围。截至 2020 年 11 月，关于运城面粉的《产品质量标准》《行业自律标准》《小麦种植标准》《加工工艺标准》共 4 个标准也已制定发布并实施。

山西董林农村有限公司面粉分公司是运城市第一个授权启用运城面粉区域公用品牌的公司，不到一年时间，产品就得到了广大消费者的认可，销量由往年的3000吨激增至8000吨左右，同时还与苏宁易购签订了网上销售协议。

2018年12月28日，“运城苹果”获得地理标志证明商标。之后，运城苹果的销售如虎添翼。

近些年来，运城市先后在宁波、霍尔果斯、三亚、江门、泉州、满洲里、成都、东莞等地建立运城苹果直销窗口23家。运城市政府还与拼多多签署战略合作协议，共同启动“好吃运城 e购河东”优品线上云购活动，市、县领导接力走进直播间推介运城苹果。到2020年11月，运城苹果种植面积达173万亩，年产量275万吨，出口量占全国的20%。

从坐等注册到地头挖掘——隰县玉露香梨和阳曲小米

太原商标受理窗口前，来自山西檀润森生物科技有限公司的原俊丽正在办理商标注册业务，她注册的是眼类医用器械，注册商标拟为“益眼明智”和“益眼慧智”。现在注册商标很方便，工作人

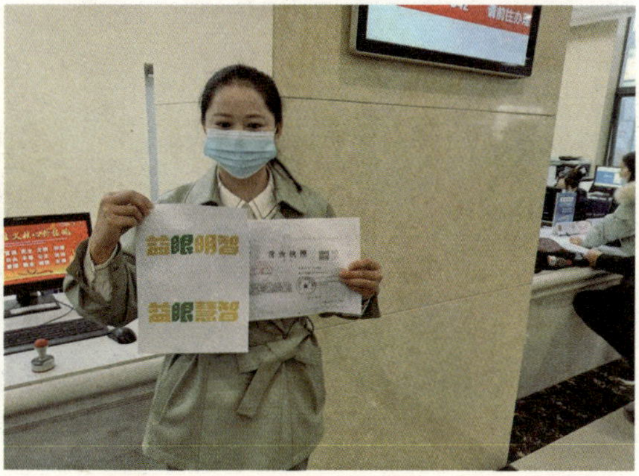

◇原俊丽展示公司拟注册的商标

员认真又热情，收费也很便宜，1 件只需 270 元。

坐等注册，这当然是商标注册工作中非常重要的一部分。但自商标注册便利化改革以来，山西的市场监管部门已经不仅仅满足于坐等上门，而是在田间地头主动挖掘帮助地方政府打造新的品牌，隰县玉露香梨的商标就是这么挖掘来的。

隰县是玉露香梨的重要产区。2016 年，原山西省工商局（现山西省市场监督管理局）工作人员在参加当地的扶贫工作时发现了当地这一优势产业，于是提出并帮助当地政府申请注册“隰县玉露香梨”商标，并于 2017 年获得地理标志证明商标。到 2020 年，全县玉露香梨种植面积达到 23 万亩，玉露香梨种植户“一户一码、一码终身”，实现了玉露香梨生产可追溯、管理可追查、流通可追踪。一颗梨托起当地 8 万农民的致富梦，也担负着当地农民对维护“隰县玉露香梨”品牌的责任。

山西是我国小米的主产地，而阳曲又是山西的一个谷子种植大

◇阳曲县供销 e 家电商平台负责人（前排右二）介绍阳曲小米的销售情况

县。2017 年，原太原市工商局（现太原市市场监督管理局）发现了阳曲小米这一当地优势产业，于是帮助申请“阳曲小米”商标，并于 2019 年 3 月 28 日获得“阳曲小米”地理标志证明商标。

2020 年阳曲县谷子种植面积为 10 万亩，小米年产量为 4000 万斤，农民种植 1 亩谷子纯收入可达 800 元 ~1000 元。这些年来，由于小杂粮在市场上俏销，加之“阳曲小米”品牌力度的影响力不断扩大，当地小米的价格连年走高。小米销售价由 2017 年的 5 元 / 斤增长到现在的 8 元 / 斤，谷子收购价也由 1.8 元 / 斤增加到 3.6 元 / 斤。

在阳曲县，县供销社系统办了一个供销 e 家电商平台，该平台 2019 年一年销售阳曲小米 1000 万元，2020 年仅上半年就销售了 800 万元。

2017 年底山西全省有效注册商标 108969 件，2020 年第三季度有效注册商标 210363 件，净增 101394 件，增长 93%；2017 年底全省地理标志证明商标 55 件，2020 年第三季度 75 件，净增 20 件，增长 36.36%。加之净增商标的质量越来越高，商标对经济发展、区域进步和农民增收的带动作用也越来越明显！

刘强 / 文

宁夏西吉：

“水发浩海”的力量

西吉县曾是西海固地区最贫瘠的县区之一，全县共有贫困村 238 个，占宁夏贫困村总数的五分之一；全县建档立卡贫困人口 15.5 万人，占固原全市的近 40%。可以说这里集中了宁夏最难的扶贫问题以及最艰巨的脱贫任务。因此，西吉的脱贫需要超常规的手段，需要全方位的帮扶。

“助力贫困地区脱贫攻坚是中央的部署要求，更是国企的责任和担当所在，也是企业发展的重要机遇。”水发浩海集团党委书记、董事长王文涛如是说，而发展产业是实现贫困人口稳定脱贫的主要途径和长久之策。

成立于 2018 年 12 月的水发浩海集团有限公司是山东省属国有独资企业水发集团有限公司实施现代农业投资的一级权属公司。公司围绕“现代农业、水务环境、能源环保”三大核心板块，频频向着贫困地区"逆行"，以产业发展带动当地贫困群众脱贫增收和致富奔小康，实现了企业发展和脱贫攻坚的协同推进。

一手兴产业，一手促就业

"过去咱家每年就挣几千块钱，现在一年顶过去全家干好几年。"冬日暖阳下，说起最近几年家里的变化，宁夏回族自治区固原市西吉县将台堡镇牟荣村村民杨娟的脸上洋溢着幸福的笑容，"家里有七八亩地，以前种土豆和玉米，全看天吃饭。把耕地流转给'水发浩海'后，一年收入 4800 元；我自己进到西吉现代农业一二三产业融合发展示范产业园当起了农技工人，每天收入 80 元。仅这两项收入，一年就有 3 万元左右。一家人不仅走出了贫困，还过上了相对宽裕的生活。"

"自从有了'水发浩海'，我们农民就有了打工的地方，给了我们很多无形的帮助。"今年 52 岁的将台堡镇包庄村村民陈占军

◇水发浩海现代农业一二三产业融合发展示范产业园鸟瞰全景

说，“我家里六口人，以前都是靠务农养家，如今却不同了，我们夫妻二人在梨树山上工作，收入比以前多多了！”

据了解，在当地像杨娟、陈占军一样的村民还有200多个。他们之所以能在家门口就业，离不开水发浩海集团有限公司在当地的耕耘。

位于宁夏回族自治区西吉县将台堡镇的水发浩海一二三产业融合示范园项目，计划总投资4.18亿元，目前已完成投资2.68亿元，主要建设现代农业高科技示范产业园、有机梨园基地和蔬菜深加工基地。

2019年开工建设的西吉现代农业一二三产业融合发展示范产业园是宁夏最大的农业产业园，占地1800亩，有智能温室、新材料节能日光温室、寿光第九代大跨度日光温室及大型拱棚共276座。产业园如今已经成为这条大山沟里改变当地群众生活的“金凤凰”，被称为宁夏扶贫东西部协作鲁宁样本。

今年已经57岁的将台堡镇牟荣村村民马鹏禄，家里有三口人，妻子患病在身，常年无法劳作。之前家里的全部经济来源就是靠马鹏禄一个人种地，一年到头也赚不了几个钱。梨树山项目启动后，他就把自家土地全部流转出去，自己在梨树山上工作，一家人生活都好起来了。

梨树山项目是水发浩海集团有限公司在牟荣村梯田上投资1.4亿元建起的万亩梨树产业示范项目。“一期6000亩黄蜜冠有机梨2020年已经挂果，今年就会有收成。”水发浩海集团有限公司西吉项目负责人杨俊炜说，“当地海拔高，日照充足，昼夜温差大，结出的果子特别甜，口感非常好。”

升级现代农业挖穷根

山东的黄蜜冠虽然适应干旱气候，但是西吉的倒春寒对果子存活是个巨大考验。水发浩海集团有限公司邀请山东农业大学和宁夏大学的专家团队联合攻关，延迟果树的挂果，基本解决了这个难题。“等明年梨子收获了，我们就向当地百姓推广树苗和种植技术，用经济林置换生态林，梨树下再套种黄花菜。”梨树产业项目负责人老陈兴奋地说，“这对当地生态保护、农民增收、企业创收都是一件大好事，三方共赢。”

马铃薯产业近年来成为西吉农民脱贫致富的“钱袋子”。截至2019年底，西吉县已建成种薯繁育基地11.29万亩，种植马铃薯85万亩。然而，2020年初受疫情影响，外销受阻，全县43万吨马铃薯沉睡窖中。

为全力支持西吉县发展壮大特色优势产业，确保西吉县2020年

◇水发浩海集团有限公司“四个一”万亩梨树产业示范项目

如期实现脱贫摘帽，水发浩海集团有限公司于2020年底开始投产的马铃薯产业园，通过搭建公司渠道资源，解决了外销受阻带来的马铃薯销售难题。据悉，该项目计划总投资5亿元，除了建设中的马铃薯产业园，还计划建设1个马铃薯脱毒种薯繁育中心，配套1个马铃薯产业研究院和1个马铃薯加工厂。

除此之外，水发浩海集团有限公司还在西吉战略性规划培育马铃薯繁育原种基地，预计年总产量达到6000万吨，示范推广马铃薯高淀粉专用加工型品种20万亩，年生产马铃薯原种2000万粒，生产可供加工的优质商品薯30万吨。项目投产后，预计年产值可达12亿元，新增就业岗位450个。此举将大大促进西吉县马铃薯产业优化升级。

为全力支持西吉县发展壮大特色优势产业，截至2021年1月，水发浩海集团有限公司投资建设的蔬菜深加工基地占地面积192亩，新建蔬菜深加工工厂1座，冷链物流集配中心1座，建设预冷库、恒温库、速冻库、锅炉房及垃圾回收间、制冷机房污水处理车间等1.3万平方米，蔬菜加工车间2.8万平方米。同时，还安装了速冻脱水蔬菜、浓缩果汁、梨罐头、杏仁粉等生产线5条，购置了国内外最先进的技术和设备。

从卖土豆到卖红军粉，从种芹菜到生产芹菜汁，如今，西吉正在改变“土里刨食”的农业产业发展路径，摆脱从种养环节入手的传统模式，转而从加工端、市场端发力，用工业化理念谋划农业，把农业的出路放在与第二产业、第三产业的“接二连三”上，进而把贫困人口附着在产业链条上助力脱贫。

◇水发浩海集团有限公司规划建设的现代化蔬菜大棚

产业兴旺稳脱贫

民族要复兴，乡村必振兴。2020 年 11 月 16 日，宁夏回族自治区人民政府宣布，西吉县退出贫困县序列。11 月 23 日，国务院扶贫办确定的全国 832 个国家级贫困县全部脱贫摘帽，全国脱贫攻坚目标任务已经完成。

“脱贫攻坚取得胜利后，要全面推进乡村振兴，这是‘三农’工作重心的历史性转移。”在 2020 年 12 月 28 日至 29 日召开的中央农村工作会议上，习近平总书记如是说。

无疑，要保障贫困群众、贫困地区的生活水平、经济收入不降低，推进脱贫攻坚与乡村振兴有效衔接，必然要在保障产业长久性、持续性、竞争力等方面下功夫，切实推动产业优化整合、升级改造。

“除了西吉的马铃薯产业，包括西吉的牛羊肉产业，我们都有项目，整个项目投资 18 亿元。项目建成后，西吉县将具备农产品深加工能力，打破制约西吉发展的瓶颈。”王文涛说。

2020 年 11 月 17 日，水发浩海（吴忠）肉类加工有限公司生态扶贫项目在宁夏回族自治区吴忠市红寺堡区落地。投产后的公司集饲料加工，饲草种植，5000 头标准化肉牛示范养殖场，肉牛屠宰、加工、冷链物流于一体，拥有年屠宰 10 万头肉牛生产线，生产加工冷鲜、热鲜牛肉及特色肉制品，实现了从养牛养羊到“种、养、产、加、销”全程生态循环产业。

此外，水发浩海集团有限公司还与海底捞、西贝、新天地、京东等知名供应链企业深度合作，把红寺堡打造成西北区域肉类、果蔬的集采中心。

水发浩海集团有限公司开发的宁夏回族自治区吴忠市红寺堡区黄花菜产业园项目围绕黄花菜“产、加、销”和“基地 + 农户 + 企业”的全产业链进行规划，针对产业链条薄弱环节设计项目建设内容，着力解决当地黄花菜产业化发展中的“瓶颈”问题，旨在带动红寺堡区黄花菜产业增产增效，促进农民，特别是贫困户增收，为巩固脱贫攻坚成效和乡村振兴建设作出贡献。

巩固脱贫成效需要加强产业发展，这既是增强贫困地区造血能力的重要手段，也是乡村振兴的重要内容。而如何参与乡村振兴，如何有效推进可持续发展，则是当下企业仍需思考的事情。

云南华坪：

一颗小芒果　富民绿产业

曾经，这里是全国 100 个重点产煤县之一。

如今，这里是全国最大的优质芒果种植基地之一。

如果仅仅用这两个特征还不能定位这是哪里的话，那么就再加上——“最大规模的芒果种植园”吉尼斯世界纪录荣誉称号和全国第四批“绿水青山就是金山银山”实践创新基地。对，这里就是云南省丽江市华坪县。

从产煤大县到芒果强县，在这漫长的时光中，一定有一种力量在推动华坪县完成这次最完美的蜕变。

从金沙江谷地到芒果林深处，到处都是“绿水青山就是金山银山”这个朴素而又充满智慧的理念在华坪这块土地上的生动体现。

艰难抉择　破旧立新

光秃秃的山，灰蒙蒙的天……煤炭经济盛极一时的背后，也渐渐暴露出了植被破坏、水土流失、空气污染、煤矸石堆积等生态环境问题。倘若沿着这条路走下去，华坪县的发展之路只会越走越窄，越走越黑。

2014年，华坪县经济发展关键词是“断崖式下滑”。这一年，在全国煤炭行业去产能和云南省停产整顿实施转型升级的大背景下，摆在华坪县委、县政府面前的是一道“如何转型、怎样发展”的难题。

不过，面对这道难题，华坪县早已做出抉择：以生态文明战略思想为统领，践行“绿水青山就是金山银山”发展理念，坚定走绿色发展道路，努力站在云南争当全国生态文明建设排头兵的潮头。

2018年8月，华坪县委、县政府全面布局绿色产业发展，加快建设全国绿色有机晚熟芒果示范基地、全省清洁载能产业示范基地、大香格里拉和大滇西旅游环线全域康养旅游示范基地，唤醒这片土地上的绿色活力。

几年来，华坪县已经探索出“矿业转型、矿山转绿、矿企转行、矿工转岗”的“四转”模式，形成以晚熟芒果为代表的“山尖两棵树（核桃、花椒）、半山一棵烟（烤烟）、山脚一亩芒（芒果）”的生态产业布局。

目前，华坪县有25家煤炭企业转行发展高原生态产业，从事绿色产业的人员达到7.3万人，仅从事芒果种植、加工、销售的建档立卡贫困户就达8973人，占全县建档立卡贫困户的52%。矿区水源、植被、土地正在全面恢复。

2020年10月9日，华坪县被生态环境部命名为全国第四批“绿水青山就是金山银山”实践创新基地，这更加坚定了全县持续深入学习贯彻习近平生态文明思想，坚定不移地走生态优先、绿色发展道路的信心和决心。

徜徉绿色　生态富民

清凌凌的水，绿油油的山，金灿灿的果……穿梭在华坪的山水间，就仿佛置身于一片绿色的海洋。

家住荣将镇龙头村的李德福是县里的芒果种植大户。在他的记忆里，现在村里种芒果的地方以前基本都是荒山荒坡，连棵能靠的树都没有。他说：“这一片山，大家都叫果子山。不过，很早以前光秃秃的，一颗果子都没有，徒有虚名。如今，果子山可是名副其实了。”

华坪县芒果种植最早可追溯到 1965 年，从试种开始，此后不断积累经验，积蓄力量。直到新千年之初，芒果种植进入了快速发展期，走向标准化、规模化。如今，华坪县芒果种植面积达到 37.8 万亩，位列全国第一。

其实，在华评县煤炭经济发展最好的时候，芒果产业也在同步发展，形成了良好的产业基础，这也正是华坪县后来向绿色产业转型能够成功的关键因素之一。

近年来，华坪县芒果产业发展每年投入的各级财政资金超过 2 亿元。华坪县更是在财政收入十分拮据的状况下，毅然每年拿出 300 万元作为芒果产业发展基金。这是对绿色转型的坚定态度，更是对生态富民的责任担当。

与李德福同村的肖华东，以前在矿上挖煤，靠卖力气赚钱，钱却没有赚到多少。后来开始种植芒果，收入节节攀高，光 2020 年一年卖芒果就赚了 10 万元，还盖起了小洋楼。

在华坪县，像李德福、肖华东一样，靠着种芒果致富的人还有很多很多。每到收获季节，漫山遍野都是芒果以及来来往往的车和人，可以想象，每个人的心里一定涌动着幸福和快乐。

厚积薄发　动能释放

绿水青山就是金山银山，一颗小芒果成就了生态富民绿色产业。在经历了时间、人力、资金等要素的漫长积累后，华坪芒果产业的绿色动能开始得到释放。

在华坪县 37.8 万亩的芒果林中，最值得一提的要数金沙江沿岸的 10 万亩，这里不仅已经形成水清、岸绿、产业兴旺的经济走廊，更重要的是，华坪县金沙江流域年均输沙量从 2005 年的 2.23 亿吨下降到 2019 年的 0.49 亿吨，这是一个亮眼的数据。

这个变化，华坪县石龙坝镇临江村七组的小组长冷天伟最有发言权，他家就住在金沙江岸边。“前些年一到下雨天，江里的水都是浑浊的，眼睛都能看到，水土流失是很严重的。”冷天伟说，“现在不一样了，山上种满了芒果树。即使雨天，江里的水也是清凌凌的。”

天蓝、山绿、水清、民富，已经成为今天华坪县发展的关键词。在这里，生态保护和产业发展实现了同频共振，生态转优的同时也推动产业向更高层次迈进。

“华坪县已经具备了打造亚洲第一的一二三产业融合的芒果企业和品牌的产业基础。”这是 2020 年获得“全国十佳农民”称号的丽江华坪金芒果生态开发有限公司董事长邹杰对当前华坪芒果产业发展的深刻认识和强大自信。

经过10多年的发展，丽江华坪金芒果生态开发有限公司已经成长为一家集芒果种植、精深加工、新品种培育、技术研发、电子商务、品牌运营于一体的多元化企业，书写了华坪芒果产业不断突破、不断进阶的华章。

邹杰说：“企业的力量所在，一是要坚守初心，让种植芒果的农户有种植的底气，能看到产业发展的希望；二是要面向未来，去规范，去布局，做市场，打品牌，让绿色和健康成为芒果产业最大的资本。”

郜晋亮 / 文

江苏连云港：

潮信来时海气通

赣榆，江苏北大门，境内沿海、平原、山区各占其一，自古以来就被誉为“享山川之饶，受渔盐之利”的福地。

江苏沿海开发上升至国家战略后，尤其是党的十八大以来，位于江苏沿海经济带和东陇海产业带开发东部交汇点的赣榆，抢抓机遇，乘势而上，发展潜能不断释放。赣榆是农业大区，区域经济发展的基础在农业，潜力和后劲在农村，区委、区政府致力推动“镇村特色化、产业集群化、服务品牌化”，农业农村高质量发展之路越走越宽广。

在全国上下认真贯彻落实党的十九届五中全会精神之际，走进赣榆乡村，看村庄环境之美、探产业兴旺之道、品农民幸福之乐，振奋之感油然而生。

“镇村特色化”绘就大美乡村新图景

来到赣榆石桥镇韩口渔港新村，黄墙红瓦的整洁院落与面朝大海的优美景色映入眼帘。村民彭布玉正在刚装修好的新房子里打扫卫生。“原来70多平方米的老房子拆了，儿女们都支持我们老两口换这套200平方米的大房子，有5个房间哩！”说起新房，彭布玉竖起大拇指，直夸村里农房改善项目位置好、环境好，生活配套设施全。

加快改善农民群众住房条件，是时代发展的必然要求。赣榆结合新一轮镇村空间布局优化调整，因地制宜推进“多规合一”，努力做到镇村“一本规划、一张蓝图”，实现15个镇区总体规划、350个村庄建设规划全覆盖。按照规划和部署，2019年，全区共确立23个新型农村社区建设项目，总投资预计达54亿元，建筑总面积200万平方米，改善总户数1.19万户，新型农村社区项目开工数位居全市第一，群众满意度达到95%。

改善的不仅是住房，赣榆农村人居环境整治工作也是紧锣密鼓、亮点频现。塔山镇土城村环境改造后，融入了“春秋文化”元素，街巷、道路、墙体全部景观化，慕名前来休闲观光的游客越来越多了。

在农村人居环境整治行动中，赣榆围绕农村生活垃圾、农村厕所粪污、农村生活污水、农业废弃物、农村公共空间“五项治理”，大力实施“全域整治、典型示范、万户美化”整治工程。与此同时，全区将特色乡村的培育、壮大与环境整治相结合，打造出了宋庄镇沙口村、海头镇宅基村等一批风格各异的风情乡村、田园乡村。到2020年底，全区所有行政村将达到干净、整洁的整治标准，努力打造一批美丽宜居的村庄样板。

既要面子靓，更要里子实。为了让全区农民和市民一样喝上优质、健康的自来水，赣榆自2019年6月开工建设区域供水改造工程以来，项目总投资14亿元，包括新建莒城湖水厂，优化布局区域供水管网，建设供水主管网530公里，完成323个村的村内管网改造，关停98座农村小水厂，等等。经过絮凝、沉淀、过滤、消毒等一系列程序，塔山镇莒城湖水厂现可日产清水15万吨，输送到全区90%以上乡镇，供水入户率已达95%。

“产业集群化”激活富民强区新引擎

曾是全省经济“洼地”的赣榆如今已悄然崛起。区委、区政府将产业集群化发展作为脱贫攻坚和富民强区的新引擎，推动区域经济增长内生动力不断增强。

“十三五”期间，赣榆建档立卡低收入人口81238人全部实现脱贫，30个省定经济薄弱村、10个市定经济薄弱村集体经济收入均达18万元，达标率100%。2019年，赣榆区域经济总量位居全市第一，农村居民人均可支配收入达19100元，同比增长9%。

发展产业是实现脱贫的根本之策，也是乡村振兴的基础。通过科学规划、优势挖掘、差异化竞争，赣榆区已形成东部水产、南部蔬菜、中部肉蛋、北部水果四大特色产业区新格局。2020年前三季度，赣榆区新增高效农业面积4400亩，累计达27.24万亩，高效农业占耕地总面积比重近27%。

黑林镇地处江苏六大集中连片扶贫开发片区之一的石梁河片区。近年来，全镇利用位于北纬35°水果生产黄金带优势和境内丘陵山地属沙性土壤，适合水果生长的优势，大力发展特色林果产业，先后引进种植、加工类企业 13 家，培育上市企业 2 家，成功打造林果八大园区和两大中心。邵埠地村种植蓝莓 500 亩，每亩年产值 4 万余元，仅此一项，村民户均年增收就达 10 万余元。从经济薄弱镇到产业富民典型镇，黑林镇实现华丽转身。区政协副主席、镇党委书记马秀云被国务院扶贫开发领导小组授予“2018 年度全国脱贫攻坚贡献奖”。

互联网正深刻改变着各行各业，农业也不例外。作为江苏近海亲海第一区，赣榆拥有 62.5 公里黄金海岸线、108 万亩浅海域。进入新时代，众多靠海吃海的赣榆人已不满足于传统的养殖、捕捞生产方式，纷纷聚焦电商经济，助推产业提档升级、融合发展。目前，全区电商户已达 5000 个，85% 以上从事海鲜产品经营，2019 年电商交易额突破 120 亿元，全国知名海鲜电商集群基地基本形成。

赣榆是江苏外向型农业发展重点区，拥有丰富的出口农产品资源。在“一带一路”倡议引领下，全区政策、项目、资金多管齐下，大力开展农产品出口企业、基地（区）建设，推动外向型农业成为富民强区的重要增长极。2020 年 1—8 月，全区农产品出口实现逆势增长，出口总额达 10658 万美元，同比增长 15.21%，居全市第一。

“服务品牌化”赋能农民幸福新生活

给孤寡老人送餐，帮助残疾人打扫卫生，指导农民田间管理，开展主题读书活动……像这样的志愿服务活动，如今在赣榆的各镇各村常年不断。这是赣榆大力开展新时代文明实践，以“服务品牌化”赋能农民幸福新生活的具体体现。

赣榆是全市唯一一家同时入选国家、省级新时代文明实践中心建设试点地区，但实践活动如何有效开展？在哪开展？谁来开展？赣榆为此进行了持续的思考和探索。全区结合中央决策部署和地方发展实际，将新时代文明实践作为宣传群众、教育群众、服务群众“最后一公里”的重要载体，不断完善“个性化”“精准化”“常态化”服务，凝聚起了社会发展、乡村振兴强大的正能量和推动力。

在赣榆，地域不同、群体不同，文明实践活动的项目和载体也不同。沿海地区重点打造“村头、码头、船头”三大服务平台，平原地区重点深入“车间、坊间、田间”三大场所，丘陵山区重点开展“照顾好老年人、服务好中青年、教育好青少年”三好服务，确保群众在哪里，文明实践活动就延伸到哪里。

赣榆新时代文明实践志愿者队伍10万余人，包括党员干部、农技专家、新乡贤等。为了让志愿服务更加“精准化”，全区创新实施“四单五访”工作法。由463名党员干部担任463个村的民情助理，对贫困户、留守的老人妇女儿童、外来租房户、社区矫正对象、工矿企业“五必访”，已走访1.2万户，收集需求信息近2万条；建设“云平台”，志愿服务由广大群众“点单”，区级中心“派单”，服务队伍“领单”，服务对象“评单”。2020年，全区已收集群众关心的问题4620余个，2万余名志愿者根据群众需求，深入基层开展文艺演出、健康义诊等各类服务3000余场。

新时代文明实践是一项聚民心的长期事业，需要持之以恒、久久为功。赣榆将新时代文明实践工作纳入领导班子、干部和党委（党组）意识形态工作责任制年度考核，作为文明镇村、文明单位等“文明系列”评比必备内容，定期开展新时代文明实践示范单位、标兵评比，并建立通报机制，善导严督。

黄海之滨浪潮涌，潮信来时海气通。2020年12月11日，江苏省内高铁南北大动脉——连镇铁路正式通车，赣榆与上海、南京的通勤时间缩短至 3 小时。发展机遇在叠加，发展动能在增强，农业农村在嬗变，区域经济在提升，可以想见，不用多久，赣榆的城乡经济社会发展画卷将会变得更加浓墨重彩、隽美多姿！

陈兵　王海超　李达 / 文

湖南宁乡：

花猪的“花样年华”

早餐一根“乐福来”台式热狗肠，晚上一份“流沙河”宁乡花猪肉，闲暇时再来点花猪休闲食品，湖南宁乡人民的滋味生活，已然离不开一头宁乡花猪。

◇宁乡花猪

宁乡的产业振兴，更离不开这头花猪。作为宁乡“一县一特”的特色产业，近年来，宁乡花猪产业实现量质齐升，2020 年，宁乡出栏花猪 32 万头，产值达 35 亿元。

2020 年，全国特色农业产业集群项目扶持的优质湘猪产业集群建设项目落地，宁乡借势集中打造了涵盖花猪种质资源保护、标准化生产、屠宰、冷链、精深加工、销售服务一体化的产业集群。

随着项目的深入推进，宁乡花猪迎来“花样年华”，正朝着出栏 100 万头、产值 100 亿元的发展目标阔步前行。

保种：从濒临灭绝到“子孙满堂”

狮子头、铜锣肚、乌云盖雪、银颈圈，宁乡花猪憨态可掬的外形酷似国宝熊猫。宁乡花猪不仅外形独特，“内在”也很优秀，其肉质鲜嫩、味道鲜美、清甜醇香，吃了让人齿颊生津。宁乡花猪因此成为我国乃至世界非常珍贵的家畜遗传物种，被列为全国四大地方名猪之一，系国家重点保护家畜物种，中国地理标志保护产品。

宁乡花猪原产地为宁乡市流沙河、草冲一带，遍布宁乡全境，起源于宋朝，至今已有几千年的历史。然而这一“猪中熊猫”曾经濒临灭绝。

“小时候，村里家家户户都养花猪，全家大部分收入来源就是后院里的几头花猪。”湖南流沙河花猪生态牧业股份有限公司董事长李述初从念初中开始，每天放学回家最重要的事就是去山上割野菜回家喂猪。

20 世纪 80 年代宁乡花猪市场拓展一度达到顶峰，远征欧亚、风靡新马泰，仅县肉联厂每年出口东南亚的花猪乳猪产品就达 60 万头，宁乡人因为会喂猪而扬名天下。而到了20世纪90年代，由于外来洋猪具有长势快、瘦肉率高等优势，深受消费者和市场的青睐，养殖户纷纷转型养殖洋猪，作为土猪的宁乡花猪渐渐退出市场，一度濒临灭绝。

20世纪初，在外闯荡的李述初已经小有成就。“绝不能让上千年的珍稀品种就这样没了。”抱着对宁乡花猪的眷恋，在县畜牧水产局的帮助下，李述初翻山越岭，走遍了宁乡大大小小村落，寻找遗留的种猪。最终他仅发现了7头花猪公猪，母猪有数万头，但绝大部分是杂交繁殖的白毛肉猪。李述初苦口婆心地说服农民，花高价买回了这7头纯正血统公猪和50头母猪。

发展的第一步是保种繁殖，李述初在流沙河建立了湖南省首个地方良种猪保种场——流沙河花猪保种场，把这些花猪当宝贝一样伺候着。

几经曲折，珍贵的宁乡花猪得以延续下来。近年来，宁乡市扎实推进保种繁育。以地方猪种保护为基础，保障产业发展为核心，宁乡市建立了一场、一区、一心、一站、一库“五个一”的保种体系。经过几年来的保种繁育，宁乡花猪从濒危灭绝时的7个家系血缘，扩充到了现在的10个家系血缘。宁乡与湖南省畜牧兽医研究所合作，成立了宁乡花猪基因冷冻保存库，有效保存宁乡花猪精液6000支、卵母细胞1400个。当前全市存栏宁乡花猪能繁母猪12452头、种公猪411头，产业发展基础牢固。

“我们长期保有30头生产公猪和300头生产母猪，足以让宁乡花猪‘子孙满堂’。”宁乡市畜牧水产事务中心负责人说。2020年，通过优质湘猪产业集群建设项目，宁乡花猪进一步完善了保种区和保种场现有配套设施，风险防控体系得以提升。宁乡花猪已完成10个血缘系谱档案整理和每个家系生猪核定，确定了第三方公司进行血缘鉴定分析。

养殖：从粗放喂养到“花尽心思”

过去宁乡人养花猪没有太多讲究，现在追求的是科学养殖，在花猪的“吃、住、玩”方面花尽心思，为其生长创造良好条件。吃，不添加激素，以天然谷物、青饲料为原料进行熟悉饲料喂养；住，将猪舍建于山清水秀的自然环境中，配备地暖、空调等；玩，低密度养殖，每头猪拥有两三平方米的活动空间，逐渐走上了一条科学化、规模化和现代化养殖之路。

为了让宁乡花猪“吃”好，湖南楚沩香农牧股份有限公司在湘猪产业集群项目中，承担建设年产 20 万吨宁乡花猪饲料加工厂一个。任务确定后，公司成立了宁乡花猪研究所，组建了以中国工程院院士印遇龙和湖南农业大学动物科学院为主的科研团队，确定了宁乡花猪的独特饲料配方和实验模型方案，正在开展宁乡花猪专用饲料配方试验。

粪污处理是养殖业绕不开的难题。既要让宁乡花猪住得舒适、玩得舒心，也要让养殖场周边群众生活美好，周边生态环境优美。2019 年，宁乡市在双江口镇槎梓桥村的青山绿水间开启了示范养殖场建设，养殖场预计存栏种母猪 2400 头，年产仔猪 5 万头。

养殖场实行高标准建设，让粪污不落地、蚊子飞不进、臭气不外泄，达到了种养可平衡、全程可追溯、模式可复制的效果。猪场采用“种养平衡 + 综合治理”方式，实现环保达标和资源综合利用；实行“三级五流两通道两保障”生物防控策略，打造农场生物安全铜墙铁壁；同时，猪舍的通风采用负压原理，新鲜空气由风窗进入猪舍内，再经由排风扇将猪舍内的废气排出，废气收集后流经废气净化装置过滤，最终实现排出气体无害无异味。

在优质湘猪产业集群建设项目的支持下，双江口示范场已于2020年7月高标准建成投产，成为宁乡花猪产业的一个示范窗口。目前，喻家坳乡湖溪塘村福塘配套场等更多的万头标准化养殖场也在陆续开工建设。

产品：从只卖猪肉到“花样百出”

临近春节，湖南省乐福来食品有限公司肉制品深加工车间内，工人们正马不停蹄地生产，一根根色泽晶莹、鲜香四溢的台式热狗肠将远销东南亚多国。而这根肉肠的原材料中，就有就地取材的宁乡花猪肉。

宁乡花猪瘦肉率为38.6%，属脂肪性猪种，其脂肪相比白猪，具有微量元素含量多、肉质香味浓郁等优势。但其肥肉多，曾是困扰花猪养殖户的大难题，一块好猪肉常常因为肥肉多而卖不上价格。

既要满足消费者“挑肥拣瘦”的心理，又要让肥肉和分割后的碎肉实现其应有价值，这是一个难题。

2019年11月，从事肉制品加工的湖南乐福来食品有限公司开启了宁乡花猪深加工项目。2020年，在优势湘猪产业集群建设项目推动下，公司对现有西式低温肉类深加工车间的冷库、场所、工艺、设备进行升级与改造；新扩建智能化公用型立体保税仓及配套设施，容积约1万立方米；扩建宁乡花猪深加工车间4450平方米，加工产能5000吨/年。

项目改建完成后，冷库的储存能力可达 1 万吨，生产加工及贸易产能达 2 万吨 / 年，通过精深加工和冷链物流平台，每年可消耗优质湘猪 5000 头以上，同时带动优质湘猪养殖户和养殖企业发展。

热鲜肉、冷鲜肉、精细分割包装肉、餐饮专供肉、深加工产品……随着产业链的完善，宁乡花猪产业实现由传统“卖猪”向高效益“卖产品”的转变，花猪产品呈现“花样百出”之势，其中研发预制菜、肉卷、肉酱、肉干、香肠、水饺、肉包等宁乡花猪深加工产品 50 余种。

目前，全市共有宁乡花猪从业企业 300 余家，覆盖保种、养殖、屠宰、加工、销售、农旅等全产业链。宁乡花猪产品已成功打入了一线城市的大卖场，进入了麦德龙、山姆会员店、盒马鲜生等高档商超，在北上广深、长沙、重庆、武汉等城市开设体验店、专卖店、商超专柜 109 个，通过精细分割后的花猪产品市场均价为 50 元 / 斤 ~80 元 / 斤，个别可达 120 元 / 斤，品牌价值和市场影响力得到极大提升。

杨娟 / 文

云南普洱：擦亮普洱茶金字招牌

“以前的日子很苦，一年只穿一双鞋子，现在唱唱歌、跳跳舞，家家户户的腰包都鼓了！”在云南普洱市澜沧县酒井乡老达保拉祜族村寨，提起文化旅游扶贫，57岁的国家级非物质文化遗产传承人李石开乐开了花。

“十三五”以来，普洱以脱贫攻坚统揽经济社会发展全局，使基础设施、乡村人居环境、产业、群众生产生活等发生了巨大转变，创造了脱贫攻坚“普洱模式”。普洱打好精准识别基础战、基础设施补短战、产业就业升级战、素质提升持久战、弱势群体兜底战、深度贫困地区攻坚战、建章立制长效战、强基固本提升战这八大硬战，夯实产业基础，切实提高脱贫质量成色，全力做好脱贫攻坚和乡村振兴的有效衔接，奏响了茶山云海乡村振兴的新时代强音。

◇普洱市委常委、常务副市长胡国云（中），普洱市副市长、镇沅县委书记白兆林（左）出席中央媒体“脱贫攻坚奔小康”主题采访走进普洱见面会，普洱市委常委、市委宣传部部长王鸿彬（右）主持会议

民俗村寨旅游与扶贫开发相结合，民族文化保护与传承相结合，唱响民族文化脱贫歌

老达保是国家级非物质文化遗产《牡帕密帕》的保护传承基地之一，是拉祜族传统文化保存最完好的地方。然而，过去的老达保贫穷落后，2013 年底，建档立卡贫困户有 92 户 402 人，贫困发生率达 79%。

作为全国“直过民族”区域最大、人口最多的县，澜沧是云南省 27 个深度贫困县之一。开展脱贫攻坚以来，澜沧县把特色村寨与扶贫开发、生态旅游、民族文化保护与传承相结合，老达保拉祜族群众在“唱歌跳舞”中踏上了小康路。李石开所在的澜沧老达保快乐拉祜演艺有限公司由农民自发成立，村民全部入股，年人均分红可达 1.6 万元，他们不仅登上了北京、上海的大舞台，甚至走出了国门。老达保民族文化助脱贫的经验入选了联合国“中国扶贫成就展”。

◇拉祜族群众在表演歌舞

为给乡村振兴持续注入不竭动力，澜沧县积极打造“绿三角”旅游环线，把扶贫开发与美丽乡村建设有机结合起来。

位于惠民镇芒景村的翁基千年布朗古寨保留和传承了布朗族的原生态文化，是茶祖历史文化旅游项目点之一。依托景迈山千年万亩古茶林资源，这个千年古寨换了新颜，19 户建档立卡贫困户 64 人已全部脱贫。以茶产业和旅游文化产业发展推进扶贫开发，翁基古寨只是一个缩影。2019 年，芒景村人均纯收入达到 13344 元，是 2014 年的 3 倍之多。

擦亮普洱茶金字招牌，打造“五百亿级产业”，担当产业振兴、乡村振兴的重任

普洱茶是普洱市聚焦打造的“五百亿级产业”之一，是产业振

兴、乡村振兴的重要担当。茶园面积和产量均居云南省第一位的普洱正全力擦亮普洱茶金字招牌：在全国率先发布推出普洱茶十项标准，在全省率先成立普洱茶企业诚信联盟和品牌企业联盟，启动建设普洱茶品质区块链追溯平台，打造“中国有机茶第一强市”。

澜沧着力打造景迈山古茶林普洱茶品牌，在保护好2.8万亩古茶资源的同时，完成了3.17万亩生态茶园建设。而正在进行的景迈山古茶林文化景观申遗项目也将带动整个普洱市茶产业提质增效。申遗对澜沧脱贫成果的巩固、后续乡村振兴的有效衔接意义重大而深远。整个澜沧茶园面积有38.4万亩，景迈山申遗成功会带动茶产业进一步提质增效，并联动一二三产业发展，支撑云南打造千亿产值的云茶产业。

在茶产业扶贫中，西盟县采取“企业+基地+合作社+农户”或“基地+合作社+农户”模式，建成生态茶园5.2万亩、茶叶初制所53个，带动农户7858户3.66万人，其中建档立卡贫困户3626户1.22万人，实现户均增收6300元以上。

普洱茶投资（集团）有限公司目前正大力推动普洱茶产业向数字化、标准化、品牌化、市场化、规模化、国际化发展，企业先行先试构建普洱茶溯源防伪体系，全产业链布局，还在澜沧县富邦乡投资1550余万元开展普洱茶产业脱贫项目。

项目牵引+龙头带动+利益联结+技术培训，变“输血”为“造血”，拉长产业链带动农民走上致富路

26岁的佤族小伙岩枪家曾是建档立卡贫困户。2018年，只有初中学历的岩枪从打工地广东回到家乡，正逢西盟引进丁氏蜂业帮

助群众发展中蜂养殖产业，他毫不犹豫地加入了勤劳致富带头人培训。培训结束后，岩枪因为表现优异被公司留了下来，如今在公司里负责直播带货，月收入有3500元。已拥有几万粉丝的岩枪最多一次直播带货3万多元，他自己的蜂场也已经开了起来。

西盟县精准选择中蜂和云岭肉牛作为新兴扶贫产业，闯出了一条项目牵引、龙头带动、利益联结、技术培训产业扶贫新路子。在中蜂产业扶贫中，采取“托管式生产、孵化式培训、精品式打造”的模式，养殖中蜂7万群，带动建档立卡贫困户9259户3.11万人，实现户均增收1500元以上，小蜜蜂托起了大产业。

在澜沧竹塘乡半坡的一片示范基地，种植着承载澜沧群众致富希望的林下有机三七，它是“时代楷模”、中国工程院院士朱有勇团队变“输血”为“造血”、科技创新扶贫的产物，令曾经闲置的林地如今每亩可多收入10多万元，成为不折不扣的“金疙瘩”。拥

◇在背风向阳的山坡上整齐地摆满着蜂箱，蜂农正在检查蜂箱情况

◇林下有机三七是中国工程院院士朱有勇团队科技扶贫的成果，帮助澜沧农民走上致富路

有十几项专利的林下有机三七以及冬季马铃薯高产新技术将澜沧的“天拉长，地拉宽”，让澜沧农民的生活实现了大跨越。如今，澜沧已推广种植林下三七 11600 多亩，带动 2600 多户户均增收 2.5 万余元，未来将发展到 20 万亩，带动 5 万农户 15 万人致富。

朱有勇团队注重技能扶贫，手把手培养了几千名新农人，让农民“富了口袋，也富了脑袋”，为贫困地区注入了强大的发展动力。云山村蒿枝坝村民刘里保曾经是低保户，他跟着朱有勇团队种植冬季马铃薯后已经脱贫，家里还供出了两个大学生。现在的刘里保还是致富带头人，带动邻里共同致富。同时，朱有勇还着眼于产业链延伸和一二三产业融合发展，亲自邀请云南龙润集团旗下“中华老字号”杨林肥酒公司牵头，于 2021 年初建成三七酒厂云辉酒业，云山村集体经济持股 29%，企业承诺保底分红，发展惠及全体村民。

文雪梅　刘秋实 / 文

宁夏吴忠：

小小黄花菜　脱贫致富大产业

宁夏吴忠市地处宁夏平原腹地，拥有富硒耕地近 78 万亩，光热资源丰富且干旱少雨，十分适合农作物干物质积累，是全国黄花菜主产区之一，种植面积达 16 万亩，约占全国种植面积的 17%。

吴忠黄花菜具有花条肥大、油分充足、色泽亮黄的特点，干菜长度 11 厘米 ~13 厘米，较其他同类产品要长 1 厘米 ~2 厘米，经常被一些外地客商抢购“撑门面”，作为其品牌产品销售。2020 年，吴忠黄花菜鲜菜收购价为 3.5 元 / 公斤 ~4 元 / 公斤，干菜收购价 30 元 / 公斤 ~32 元 / 公斤。近年来，吴忠市把黄花菜产业作为脱贫富民的主打产业发展，按照“控规模、提品质、树品牌、育龙头、拓市场”的发展思路，建立黄花菜产业专班工作机制，推动黄花菜产业向高质量方向发展。

为了实现种植规模化，吴忠市出台了一系列政策性文件，制定

◇等待收购黄花菜的农户

◇吴忠黄花菜花条肥大、油分充足、色泽亮黄

◇农户与科技专家在黄花菜地里

了《吴忠市黄花菜产业发展规划》，多措并举推动当地黄花菜产业的快速发展，形成了以盐池县、红寺堡区、同心县集中连片区为核心的优势种植区域。截至2020年底，该市已建成千亩以上规模化种植基地46个，万亩以上基地3个，黄花菜种植户1.28万余户，企业及合作社68家。

为了实现生产标准化，吴忠市加强与中国农业科学院等科研院所的合作，研究制定了一系列黄花菜从种植到采收全产业链的地方标准，强化推广应用。

为了让经营走向一体化，吴忠市针对市场销售滞后、服务不配套等产业链短板，通过成立吴忠市黄花菜产业联盟，推出黄花菜“价格保”等措施，帮助农民降低市场风险。

为了产品实现品牌化，吴忠市积极推动“盐池黄花菜”获得农业农村部农产品地理标志认证、区域公用品牌标识，并入选第一批全国“名特优新”农产品名录等。不仅如此，吴忠市还鼓励当地企业积极注册“塞上阳光”“坤美”“惠萱王”“兴茗萱”等16个企业产品商标，让吴忠黄花菜品牌知名度、产品美誉度显著提升。

在一系列举措下，吴忠黄花菜产业发展迅速。2020年，吴忠黄花菜鲜菜产量近11万吨，折制干菜产量近1.42万吨，实现产值约7.5亿元，带动2100余户贫困户增收致富。预计到2022年，吴忠黄花菜鲜菜产量将超过20万吨，干菜产量将超过3万吨，干菜直接产值将超过10亿元。吴忠将形成一二三产业有机融合的黄花菜产业体系，打造出具有核心竞争力的中国黄花菜优质产区，托起乡村振兴的金色希望。

郭少雅 / 文

北京：

“烹饪科技”助力小菊花惊艳绽放

深秋时节，百花开尽，菊花却迎来了最灿烂的季节。赏菊的去处不少，但是品菊的地方不可多得，房山区琉璃河镇周庄村的北京慧田蔬菜种植专业合作社就是一个让眼睛和味蕾都能满足的好去处。

2020 年 11 月 20 日，慧田蔬菜种植专业合作社格外热闹，菊花的清香与菜肴的鲜香弥漫在空气中，娇嫩怒放的朵朵菊花，经过精心拌、蒸、炸、炒，变成了一道道诱人的美食，刺激着“吃货”的味蕾。这是北京市农业农村局宣教中心与《新京报》乡村频道联合举办的“大厨下乡　菊花入宴——带你‘品味’周庄菊花”公益直播活动现场。北京烹饪协会副会长王云为当地农户现场培训食用菊花烹饪技巧，帮助他们成为有一技之长、懂经营的新农民。同时，通过“田间地头 + 视频直播 + 烹饪科技”的形式，向网友们展示关于

◇“大厨下乡　菊花入宴——带你‘品味’周庄菊花”活动现场

菊花的科普知识、食用菊花烹饪方法、慧田蔬菜种植专业合作社的成功商业模式等，以便让更多人了解和关注食用菊花产业发展，助力消费扶贫。

走进慧田农庄菊花种植大棚，仿佛身处菊花花海，各色菊花竞相绽放，成为秋冬京城的一抹亮色。孩子们在花丛间奔跑，大人们找各种角度拍照，流连其中。

慧田农庄共有 10 亩菊花，其中观赏菊花 365 种，食用菊花 12 种。虽然有三百多种观赏菊花，但慧田农庄的“王牌产品”是特色菊花宴。菊花入菜不是简简单单地把菊花摘下来放在菜品里烹制即可，食用菊花的选种和培植、生长过程中对各方面条件的监控都是非常严格的。

“我们以有机标准种植食用菊，用了 5 年时间反复试验，才有了品类丰富的菊花宴。”慧田蔬菜种植专业合作社社长王雷说。如今的慧田菊花宴已经非常丰富了——菊花凉拌菜、菊花茶、菊花馅饺子、鸡蛋菊花饼以及压轴的菊花火锅，每一道菜都既好看又好吃。

“游客们喜爱菊花，我们就千方百计种植好菊花。经过不断尝试，我们让食用菊花采摘季长达 8 个月。如今，我们种植了 10 多种食用菊花，亩产近千公斤。现在不仅游客越来越多，还引来了平谷、延庆的种植户前来学习种植经验。”王雷说。

“光我一人通过种植食用菊花富了还不够，我要带动村民们一起种菊花一起富。”王雷说的是心里话，带动村里的父老乡亲共同致富，是他创业的初衷。合作社现有社员 298 户，每年都会按照章程向村民分红和返还盈余，每户平均增收五六千元。合作社对村里 5 家困难户的家庭妇女给予特殊照顾，让她们做菊花宴、百合宴，还免费提供小木屋，半价供给食用菊花、食用百合等原材料，竭尽全力创造条件让她们多赢利。

几年推广下来，慧田蔬菜种植专业合作社已成为北京秋冬旅游的"网红打卡地"，王雷作为领航者带领村民增收致富，多次获得市里和区里颁发的各项荣誉。但王雷并不满足于此，如何让菊花食用的路子更广，味道更好，让更多农民受益增收，成为他探索的新方向。

为了帮助慧田蔬菜种植专业合作社食用菊花产业升级，北京市农业农村局宣传教育中心特别邀请北京烹饪协会副会长王云老师来到合作社，对菊花宴菜品升级提出了实用性建议，现场演绎几道现有菊花宴中菜品的改良制作过程，并从菜品改良关键点、日常做菜注意事项、如何提高菜品品质、降低成本等方面进行风趣幽默的讲解。

据王云老师现场介绍，我国自古就有用菊花入菜的习俗，食用菊花不仅美味还可降火去燥。针对年轻消费者"好吃、好看、好玩"的饮食需求，王云老师创作出一系列新式菊花菜品，如"菊花鲜虾馄饨""炸奶香脆皮菊花""菊花炒鲜奶"等，为合作社农户传授烹饪方法，同时进行视频直播，使更多的消费者学会如何吃食用菊花，进一步促进食用菊花销售。

菊花，不单是一种花，它是文化，更是生产力。只有通过产业开发，菊花经济才能成为富民产业，一朵淡菊才能成为永恒的产业之花。本次的食用菊花烹饪科技培训为当地菊花产业发展增添了活力，深受大家的喜爱和欢迎。王雷十分看好食用菊花的未来发展前景，对今后合作社的发展，他也有着明确规划，目前除了打造特色菊花宴之外，合作社正与多地企业合作，继续将食用菊花进行深加工，制作成菊花酒、菊花酥、菊花露等产品，让食用菊花文化更加深入人心。同时，将菊花宴与插花、茶艺、科普展示等方面相结合，打造集观光、休闲、食用和体验为一体的精品化菊花民宿小院，使食用菊花产业逐步由第一产业种植模式向一二三产业融合模式发展，探索出一条独具特色的菊花产业创新发展之路，形成集生产加工、产品研发、市场营销等三产融合的新格局，带动更多的农户增收致富，助力乡村振兴。

北京市农业农村局 / 文

湖北监利：
红红龙虾季　叫响虾稻品牌

湖北监利：红红龙虾季

炎炎夏日，又到一年小龙虾的消费旺季。

5月20日，第四届湖北·监利小龙虾节暨监利大米展销会开幕。产业搭台，经贸唱戏，数百名小龙虾、稻米产业相关专家、采购商云集于长江之滨湖北荆州监利市，实地观摩，论坛研讨，洽谈合作，共同参与叫响监利虾稻产业的区域公用品牌。

监利是全国闻名的农业大市、鱼米之乡，拥有大江大湖大平原，小龙虾产量已连续9年位居全国县级第一。监利市充分依靠科技提升农产品品质和生产效益，围绕水稻水产两个农业品牌，用心做大一只虾，全力做强一袋米，提高监利特色农产品品牌的知名度，推动监利农业转型和可持续发展。

◇第四届湖北·监利小龙虾节暨监利大米展销会开幕式

“监利献美食，虾稻甲天下。”监利是湖北省最年轻的县级市，近年来，监利充分挖掘农产品量大质优的潜力，大力发展生态种养，注重品牌营销，推动“监利龙虾”“监利大米”品牌建设规划落地，通过举办节会等活动，打造监利文化新名片、旅游新亮点，为加速构建虾稻全产业链再添一把火。

“双水双绿”生态示范引领监利虾稻产业

监利是湖北省小龙虾、水稻产量最大的县市。2020 年，监利农业再获丰收，全市水稻面积 218 万亩，水稻总产量 120 万吨。小龙虾养殖总面积稳定在 148 万亩，产量达 15.4 万吨，其中稻虾共作面积 108 万亩。在大灾大疫之年，监利作为粮食主产区，在保障国家粮食安全上，一直做着突出的贡献。

2018 年以来，监利市与华中农业大学双水双绿研究院开展技术合作，坚持生态优先发展，实现“双水双绿”关键技术创新与集成应用能力的进一步提升。2020 年，监利“双水双绿”模式的化肥、农药用量比一般种植模式减少了 30% 以上，形成了良性的虾稻生态循环。

“双水双绿”指充分利用平原湖区稻田和水资源的优势实行稻田种养，使“绿色水稻”和“绿色水产”协同发展。中国科学院院士、华中农业大学教授张启发表示，当前国家农业发展从数量驱动逐步向品质驱动转变，双水双绿研究院以监利为核心辐射江汉平原，定位于品质发展、战略引领，关心经济效益的同时也要注重生态效益。

全国每 3 只小龙虾里面，约有 1 只来自荆州。在 2020 年度全国小龙虾产量十强县市中，荆州的洪湖、监利、公安位列其中。荆州市农业比重较高，水稻、水产两个产业在湖北省乃至全国都占有重要的份额和地位，荆州市将进一步加强与华中农业大学等科研单位的合作，大力推进“双水双绿”工程，在推动乡村产业振兴上做示范。

目前，华中农业大学双水双绿研究院在监利新沟镇建设 300 亩高标准小龙虾工厂化育苗基地，并同步在程集镇建立产学研示范基地，在周老嘴镇建设国家水稻产业园基地。通过各基地协同科研，开展再生稻、中稻（虾稻）和晚稻（虾稻）品种比对试验，将筛选出最适合江汉平原推广的虾、稻品种。

“监利龙虾红遍天下，监利大米香飘万家。”监利将深入践行新发展理念，实施以虾稻共作升级版为主要内容的“双水双绿”战略，坚持把“双水双绿”产业作为乡村产业振兴的主抓手，小龙虾产业和大米产业正在向高质量发展迈进，争取让监利虾稻品牌叫得更响。

◇监利小龙虾展示

大面积养虾不如养大虾

近年来，受疫情、养殖水平、市场消费习惯等因素影响，监利及湖北不少地区的小龙虾养殖户陷入“小虾多、卖价低”等困境，越来越多的虾农开始意识到，大面积养虾不如养大虾。

湖北省农业农村厅、省农业事业发展中心相关水产专家表示，将在潜江、监利等县市先行指导开展“稻—虾—憨”模式和“养大虾”生产技术研究攻关，提高农民生产效益。

2020 年 5 月 19 日，湖北省农业事业发展中心和武汉市农科院水生所的专家来到监利尺八镇尚禾农业专业合作社，指导农民开展“稻—虾—憨”种养示范，在快要收完第一季小龙虾的虾稻田回形沟里，投放“土憨巴”苗种。

“土憨巴”是沙塘鳢的俗称，是经济价值较高的长江野生鱼类，有一定的消费市场。长江禁捕后，湖北开展了沙塘鳢等长江野生鱼类的人工驯化繁育研究。武汉市农科院水生所专家介绍，“稻—虾—憨”模式是在虾稻产业的基础上，每亩虾稻田再投放数百尾“土憨巴”苗种。在虾稻田里粗放养殖的“土憨巴”生长到一定程度，可吞食小规格的小龙虾，降低小龙虾养殖密度，有利于养大虾。

监利尚禾农业专业合作社理事长欧阳斌入选了农业农村部发布的第四批全国农村创新创业优秀带头人典型案例名单，以及2020年度农民教育培训“百名优秀学员”扶贫先锋资助项目人选名单。他认为，打响监利虾稻品牌，对合作社销售的虾稻等农产品帮助很大。合作社将一心一意当好农民的“田保姆”，十分愿意尝试“稻—虾—憨”这样“一田三收”的新技术模式，让农民再增加一块收入。

“买吃龙虾去哪里，量大质优在监利。”近几年，小龙虾产业逐渐进入了调整期，未来，监利虾稻产业既要保持产量的优势，又要在新模式和高品质上下功夫。

品牌创建提升知名度

2020年5月19日晚，位于监利天府东路的一号虾铺餐厅座无虚席，门外还摆起了吃虾大排档。一号虾铺老板邹艳梅说，在当地政府和商家的共同努力下，“监利龙虾”品牌越来越响，来吃虾的外地顾客越来越多了。

邹艳梅是监利黄歇口镇六合垸村人，通过十多年的创业，“一号虾铺”已成为监利最具特色和影响力的小龙虾本土连锁餐饮品牌，并在黄歇口镇等地建起了虾稻种养基地，开展线上线下同步营销。

5月20日，在2021中国（监利）虾稻产业电商论坛上，来自抖音、美团等互联网公司的品牌专家，就监利虾稻区域公共品牌提升、虾稻产业互联网建设、虾稻产品电商销售等方面建言献策，赋能监利虾稻品牌，助力产业升级。

为补齐物流和深加工短板，监利市构筑由桐梓湖、满堂红、广利隆、春燕渔业、远博水产等企业联合成立的虾稻产业联合体，逐步健全优质虾稻市场营销网络、主动适应和引领产业链转型升级。在小龙虾交易旺季，每天从监利小龙虾交易中心发往全国450多个城市的小龙虾达400吨。航空运输路线也正在洽谈中。2020年5月底，顺丰、京东等物流公司也将进驻完毕。监利小龙虾已成为北京信良记、深圳堕落虾、长沙文和友、武汉良品铺子等十多家知名食品公司的深度合作伙伴。

重虾不轻稻。监利市在擦亮"监利龙虾"品牌的同时，做优"监利大米"，水稻无公害产地认定实现全覆盖。以名宇米业为龙头，联合龙兴湖、内荆河、武田家庭农场、大地春等单位成立监利富硒大米产业联合体，统一制定富硒大米生产规划和生产标准，进行优质大米加工和经营销售。面向中高端消费市场，开发黑米、彩色米、粳稻米等特色稻米。2020年，"监利大米"地标品牌入选湖北省地理标志保护项目工程。

种稻养虾，绿色倍加。监利市作为湖北省实施"双水双绿"战略的先行区和试验区，坚持以小龙虾和优质水稻为主导产品，创新改革，走出了一条以"虾稻共作升级版"为代表的现代农业绿色发展之路，有效促进了种养殖生产与生态环境保护和谐共优的良性循环。监利将坚持以久久为功的精神和决心，依托平原湖区的地域优势和资源禀赋，继续创新发展，为做大做强绿色农业产业、实现乡村全面振兴做出应有的贡献。

何红卫 乐明凯 / 文

山东莱西：从“颜值”到“品质”的提升

“我们合作社有固定的合作客户，销售方面不愁，今年价格不错，光春季一茬就净赚了 100 多万元。”说起基地 2020 年的发展情况，青岛前后屯胡萝卜专业合作社理事长张娜神采飞扬。

大棚内，一垄一垄的胡萝卜秧笔直地向远处延伸，绿油油、毛茸茸的，甚是喜人，不远处两名村民正在弯腰除草。在这里干活一天可以赚 150 块钱，离家近，活也不累，村民们都爱来。

“别看这么多棚，现在都是机械化作业，基地下面都铺设了滴灌，平时只要我们两个人就够了，每年也就间苗、除草和收获时需要雇七八个临时工帮忙。”谈起自己这片大棚，张娜更是自豪不已。

自 2008 年开始，合作社陆续流转周边农户土地 500 多亩，先后建设了 110 多个大棚种植胡萝卜。站在地头，一排排整齐的白色塑料大棚分立田间，在灿烂的阳光下反射出耀眼的光芒。

前后屯胡萝卜专业合作社只是莱西市店埠镇发展胡萝卜产业的一个缩影，在店埠镇像这样的合作社有近 200 家。

品质引领，抱团发展“打天下”

在莱西，提起胡萝卜，当地人首先就会想到店埠，在店埠镇几乎家家户户种胡萝卜。驱车奔驰在店埠镇境内，宽广油亮的柏油马路两旁，成片的胡萝卜大棚一片挨着一片，齐齐向远方延伸而去。

店埠镇种植胡萝卜已有近 30 年的历史，该镇地处沽河、小沽河、五沽河“三沽汇流”之地，土壤以黑黏土为主，这里气候宜人，水资源丰富，为种植胡萝卜提供了得天独厚的条件。店埠镇胡萝卜也其外形美观，根型整齐均匀，皮红、肉红、芯红，口感清脆甘甜等特色，深受国内外消费者喜爱。

早在 20 世纪 90 年代，常年在东庄头批发市场收购胡萝卜的几个客商就发现店埠后屯村产出的胡萝卜较周边省份产出的胡萝卜品质、口感都好得多，从那时店埠胡萝卜就格外受外地客商欢迎，价格也比其他地区的高。相较于种植粮食亩均五六百的收入，种胡萝卜每亩两三千的收益在当时对农民产生了巨大的吸引力，渐渐地周边种植胡萝卜的村民越来越多，胡萝卜种植区域化、规模化效应逐渐显现，许多胡萝卜加工商、收购商也慕名而来。

现如今，胡萝卜已经成为店埠人引以为傲的一张靓丽的名片。以农业产业化发展为目标，店埠镇不断创新产业发展模式，围绕将一家一户分散种植的农民组织起来，探索“合作社 + 基地 + 农户”的产业发展模式，引领小农户通过资源共享，优势互补，“抱团”发展。农民种植专业合作社、家庭农场等新型经营主体蓬勃发展，周边许多农户成为雇佣工人、产业工人，也催生了冷链物流、农产品经纪人、电商交易等多个新产业、新业态。截至2020年10月，全镇有30余个村庄种植胡萝卜，种植面积6万余亩，年产值达8亿元。2020年4月，店埠胡萝卜被认定为山东省第五批知名农产品区域公用品牌。

创新驱动，产业转型升级“有钱景”

从前后屯胡萝卜专业合作社北行不到10公里，便是青岛有田农业发展有限公司。随着全镇种植规模的扩大，胡萝卜收获、清洗、分拣等环节用工需求大增，用工成本大幅增加。从2010年开始，部分萝卜加工企业开始与高校院所合作，研究如何通过智能化改造，提高萝卜收获、清洗和分拣效率。在莱西市店埠镇的青岛有田农业发展有限公司，就有这样一台智能化分拣机器人。机器人能通过镜面扫描，快速按照国际标准对萝卜进行自动品质分级，一些果形、颜色等有缺陷的萝卜会自动被分拣出来。以往平均一个人每天能分拣

◇青岛有田农业发展有限公司胡萝卜加工车间

两吨萝卜，现在智能机器人 1 小时就能处理 6 吨。该镇大量的胡萝卜就是在这里经过加工后走出了国门。

在车间里，胡萝卜要经过清洗、筛选、分级、装箱和预冷五个步骤的处理。其中清洗环节需要使用 7 台机器，包括 1 台冲沙机和 6 台磨光机。经过 7 台机器处理后的胡萝卜几乎等于洗了 7 遍澡，在“洗澡”环节中，大沽河水被用来冲洗胡萝卜表面的泥巴，而“预冷池”里使用的则是冰水。冰水的作用主要是给胡萝卜降温，为后面的冷库储藏环节做准备，同时还能够保证胡萝卜的品质。

2014 年，店埠镇争取到上级 1.3 亿元扶持资金，打造 2 万亩的国家农业综合开发现代农业园区，通过规模化种植、标准化管理、园林化建设、信息化联动、品牌化销售，不断完善园区内基础设施条件，打造集种子研发、种苗繁育、蔬菜种植、质量检测、内销出口等为一体的农业“全产业链”发展模式。棚内的温度、湿度、光照等都是实时监测，技术人员通过反馈的数据将棚内各种环境参数调至最利于作物生长的数值。行走在园区内，处处可以感受到农业现代化带来的体验。

依托国家产业兴村强县项目建设，2019 年，店埠镇建设了胡萝卜速冻精深加工中心，新上农产品冷轧精深加工生产线，补上了该镇胡萝卜产业链深加工的短板。农产品精深加工也开辟了老百姓增收新路，年可购销店埠镇及周边镇生产的胡萝卜约 2000 吨，进一步延伸了产业链条，提升了胡萝卜产品的附加值。店埠镇也大踏步地从蔬菜大镇向蔬菜强镇迈进，传统种植产业真正实现了华丽转身。

三产融合，让农民生活有“颜值”更有“品质”

“我们的胡萝卜汁不加一滴水，只加几滴橄榄油，纯天然有营养，大人孩子都能喝。”在店埠镇的种植园区抑或是普通的饭店中，店家通常会向客人们推介鲜榨的胡萝卜汁，时下，这也成为店埠的一大特色。

以胡萝卜为主，萝卜种植业的蓬勃发展带动了当地第二产业的发展，繁荣了村庄第三产业的发展，全镇农产品批发、物流、村庄餐饮、农资供应、休闲农业等产业快速发展，将越来越多的小农户纳入现代农业发展轨道。

来到店埠镇一处冷库，一箱箱新鲜的胡萝卜已打包装好，箱子上印有英文“鲜鲜萝卜”字样，它们将漂洋过海去往另一个国家。据悉，每年全镇的胡萝卜产品有60%出口到日本、韩国、东南亚以及中东等国家和地区，店埠胡萝卜已经跨出国门走向世界。依靠后庄扶村建立的全国最大的村级蔬菜批发市场，胡萝卜产业的发展也带动了该镇其他蔬菜在全国的知名度，以孙洲庄村为中心，沿大沽河一带发展了万亩青萝卜，“孙洲庄青萝卜”“奥格瑞青萝卜”远近闻名，是北方生食青萝卜的重要产地；前朴木村一带发展了万亩大蒜，万米葡萄长廊也已经形成。目前店埠在蔬菜加工、销售、物流等环节日趋完善，一条现代农业全产业链正逐步形成。

在做好产业发展的同时，店埠镇还注重产业文化和品牌文化的培育，着力延伸胡萝卜产业链，打造“店埠胡萝卜”品牌作为区域公用品牌与店埠镇老百姓共用共享。自2014年，每年5月份店埠镇都会举办胡萝卜文化节，全镇父老乡亲相聚在一起，共同分享丰收的喜悦。“店埠胡萝卜”先后通过国家级绿色食品、无公害食品、地理标志保护认证，三次被评为全国名特优新农产品，带动当地发展农产品出口内销、加工企业与合作社200余家。店埠镇也被评为中国蔬菜之乡、全国“一村一品”示范镇。

近年来结合美丽乡村标准化建设，店埠镇先后投入500多万元，着手打造“青砖黛瓦、红灯笼、中国结”的中式特色村庄，走在店埠的大街上仿佛进入了南方小镇，游客们纷纷说这里和苏州很像，经过改造，有一种古色古香的韵味，让人感觉特别舒服。随着胡萝卜产业在店埠镇做得风生水起，全镇老百姓的生活都发生了翻天覆地的变化。

秋日的阳光洒满大地，大田内成片胡萝卜秧郁郁葱葱，生机无限，还有一个月又要到胡萝卜收获的季节了……

郝凌峰　杨晓慧／文

辽宁营口：

游向世界餐桌的海蜇

2020中国（营口）海蜇节、中国·营口国际渔业博览会、东北亚（营口）农副产品展销会于9月22日在“中国海蜇之乡”——辽宁营口启动。“中国网红之都”“港口型国家物流枢纽建设城市”双引擎让世界海蜇汇聚营口，营口海蜇游向世界。

本届海蜇节被列入中国农民丰收节系列活动，由中国农民丰收节指导委员会指导，营口市人民政府联合农业农村部渔业渔政管理局、中国渔业协会、辽宁省农业农村厅等单位共同主办。

展会以“绿色好海蜇出自营口，依托东北亚走向全球”为宗旨，突出绿色、环保、生态、国际化、线上销售等特色亮点，以“品牌平台合作发展”为主题，引进参展企业500余家，展品1200余个，参展企业、展位数量和产品种类，均达到历史之最，同时采取线上线下全渠道融合同步展销，以跨境电商直播形式，与国外政府企业云签约，线上互联网新媒体和参与企业数万家、产品万余种。

◇ 2020 中国（营口）海蜇节开幕式

展销现场，在汇聚山珍海味的农副产品中，海蜇是当仁不让的主角。由沙蜇、水蜇加工成的即食海蜇皮、即食海蜇头和干海蜇丝等产品琳琅满目。五花肉炒水晶海蜇、爆炒海蜇皮、辣根蜇头、黄瓜拌蜇头、老醋蜇头、白菜拌蜇皮、蒜泥蜇皮等菜品的展示，让市民们饱了眼福。

现场还推出活体海蜇展、进口海产品品鉴等体验类项目，以海蜇产品展览带动捕捞、养殖、加工、贸易、旅游、文创之间的联动。多家本土海蜇生产加工企业与国内外销售终端签订协议。

来自河北的一名采购商表示，从 2018 年第一届海蜇节开始，他每年都来参加，采购数量也在逐年增加。“营口海蜇”的品牌已经得到市场的充分认可。

2018 年，在为期 3 天的首届营口海蜇节上，海蜇产品销售额达

970 万元。2019 年第二届营口海蜇节，营口被中国渔业协会正式授予“中国海蜇之乡”称号，其间交易额达 1.1 亿元。

营口是我国海蜇的主产区，海蜇出口量占全国出口量的六成。营口海蜇以肉质饱满、品质上乘闻名。海蜇养殖面积已达 2200 公顷，从业人员超过 5 万人。从“海蜇渔场”到“海蜇工厂”，从“海蜇市场”到“海蜇牧场”再到“海蜇磁场”，从养殖、捕捞、加工、销售，发展到如今的海蜇集散地，实现了海蜇产业的可持续发展，擦亮了“营口海蜇”的城市名片。

海蜇节期间还举办海蜇品鉴、金融助农讲解、大宗农产品签约仪式、营口优质农产品评选及推介、活体海蜇展、非遗展示、爱心扶贫购等十余项活动。目的就是推动海蜇等农业产业绿色、快速、健康发展，一起把营口打造成高集聚、强辐射、现代化的农副产品贸易集散地和东北亚优质高效农副产品生产、加工、销售、“网红经济”新高地。

◇活体海蜇展

◇市民在海蜇节上选购海蜇产品

◇营口农产品推介会

如今在营口，“营口海蜇”成为馈赠亲朋、邮寄远方好友的重要礼物。轻触鼠标，一键发送，营口人“礼重情更深”的朴素情感在“网红时代”体现得更加深厚，传递更加便利。

营口紧跟时代步伐，在全国率先提出打造“中国网红经济之都”。利用“网红经济”盘活现有资源，打造出以“网红小镇”等为代表的一批新业态载体。“网红经济”的起飞为实体经济拓宽了发展空间，在各个电商带货直播间，具有“国家地理标志”的产品“营口海蜇”成了“宠儿”。线上有了新优势，线下优势同样不可小觑。

2019 年 9 月，营口市入选首批港口型国家物流枢纽建设城市，成为东北唯一获批城市，为营口港口物流的转型升级提供了重大机遇，也为区域经济高质量发展注入新动能，为营口海蜇走向世界奠定基础。

从东南亚到非洲、从俄罗斯到南美，世界各地的海蜇被运到营口加工，又远销到世界各地，使营口成为全球海蜇生产、加工、贸

◇海蜇节上的签约仪式

◇网红现场直播

易、流通集散整条产业链的核心。营口“辰光水产”在美国的海蜇加工厂改良设备，把从大西洋捕捞上来的海蜇送入自动化生产线，实现全程“不落地”的流水线作业，已成为世界海蜇生产领军企业。

于险峰　张仁军 / 文